Anja Tuckermann
Muscha

Dieser Band ist auf 100 % Recyclingpapier gedruckt. Bei der Herstellung des Papiers wird keine Chlorbleiche verwendet.

Die Autorin:

Anja Tuckermann, geboren 1961 in Selb, Oberfranken, lebt als Schriftstellerin und freie Journalistin in Berlin. Sie schreibt Prosa und Lyrik für Kinder und Erwachsene und arbeitet als Bühnenautorin für das renommierte Berliner Grips-Theater. Ihr Buch ›Muscha‹ wurde mit dem ›Roten Tuch‹, dem Jugendmedienpreis der SPD Berlin, ausgezeichnet und fand in den Medien große Beachtung. Das österreichische Bundesministerium für Wissenschaft, Forschung und Kunst wählte es zum Buch des Monats Juli 1995. Für die Fernsehsendung ›Muscha – Eine Kindheit im Dritten Reich‹ erhielt Anja Tuckermann den Kurt-Magnus-Preis der ARD.

Anja Tuckermann

Muscha

Deutscher Taschenbuch Verlag

Ungekürzte Ausgabe
In neuer Rechtschreibung
November 1998
Deutscher Taschenbuch Verlag GmbH & Co. KG,
München

ISBN 3-7817-2080-2
Umschlaggestaltung: Jorge Schmidt und
Tabea Dietrich
Umschlagbild: Bernhard Förth
Gesetzt aus der Stempel Garamond 11/13'
Gesamtherstellung: Ebner Ulm
Printed in Germany · ISBN 3-423-78119-X

1938

Meine Mutter macht sich Sorgen um meine Einschulung. Sie sitzt in der Küche und sagt: »Wie kriegen wir das bloß hin, Bubi?«

»Was?«, frage ich. Ich kann es kaum erwarten, bis ich zur Schule darf.

»Ich mach mir Gedanken.«

»Was denn für welche?«

»Frag nicht, das verstehst du noch nicht.«

Sie will nicht, dass ich vor der Schule schon lesen lerne. Ich will es unbedingt lernen. Ich suche in der Zeitung nach Buchstaben, die ich kenne. Wenn ich auf einen Buchstaben zeige und frage, wie er heißt, schüttelt Mutti den Kopf. Schroff sagt sie: »Das brauchst du noch nicht zu wissen.«

Ich bettle, doch es nützt nichts. Aber ich überliste sie. Ich suche ein Wort, das mit dem gleichen Buchstaben beginnt, und lasse sie das ganze Wort lesen. »Groß« zum Beispiel.

»Das ist dann ein G, nicht?«

Sie nickt, kann ja nicht lügen.

Nach Ostern sagt Mutti plötzlich: »Weißt du was, Bubi? Wir fahren nach Berlin.«

Ich werde munter.

»Na toll! Nach Berlin. Aber warum?«

»Falls die Lehrerin fragt, wer schon mal Adolf Hitler gesehen hat, und du der Einzige wärst, der ihn noch nie gesehen hat, das wäre doch nicht gut.«

In Halle war er ja nicht. Nur früher mal, hat Vati erzählt. Da hat er im Hotel *Goldene Kugel* am Markt gewohnt, und als er geredet hat, konnte ihn auf dem Sarassani-Platz plötzlich keiner mehr hören, weil jemand das Stromkabel durchgeschlagen hatte. Vati hat gesagt, da haben sich viele Leute gefreut, weil sie gegen Hitler waren.

Es ist gefährlich, etwas gegen ihn zu haben. Wir haben auf der Straße auch schon mal Verhaftung gespielt. Wer laut auf Hitler schimpft, kann dafür ins Gefängnis kommen, wenn ihn jemand bei der Polizei anzeigt. Meine Eltern kannten einen, der wollte nicht »Heil Hitler« sagen, sondern »Guten Tag«. Er trug immer seine Aktentasche unter dem rechten Arm, damit er ihn nicht hochzuheben brauchte. Und einmal grüßte ihn jemand mit »Heil Hitler« und er hat gesagt: »Der ist nicht zu heilen.« Der Jemand lief zur Polizei und verriet ihn, der Bekannte von meinen Eltern wurde abgeholt und kam nach Dachau.

Wenn wir Vater-Mutter-Kind spielen, sagt Marianne von gegenüber immer: »Wehe, du isst das jetzt nicht auf, sonst kommst du nach Dachau, da gibt's nichts mehr.«

»Was ist Dachau?«, hat Ilse gefragt.

»Mensch, ein Konzentrationslager, das weiß doch jedes Baby. Da werden Leute eingesperrt.«

Über Dachau sprachen meine Eltern mit Onkel Peter und Herrn Bartelt und alle waren traurig. Natürlich weiß ich eigentlich nichts davon, denn wenn sie über solche Dinge reden, versuchen sie immer mich abzulenken oder mich aus der Küche oder meinem Zimmer etwas holen zu lassen. Und natürlich versuche ich immer zu verstehen, worüber sie sprechen. Aber meistens ist es zu schwierig und langweilig. Und ich mag sie nicht traurig sehen.

Vati ist gegen die Fahrt nach Berlin, aber Mutti will es. Wir fahren also los zu ihrer Schulfreundin, Adolf Hitler sehen. Vier Stunden im Zug, ein langweiliger Abend bei Muttis Freundin. Am nächsten Tag gehen wir in den Zoo, ich mag das Giraffenhaus. Antilopen sind da, Tiere, die fast wie Rehe aussehen, aber sie haben Gesichter wie Kinder und heißen »Sitatunga«. Den ganzen Tag flüstere ich »Sitatunga«, damit ich das Wort nicht vergesse.

Dann stehen Mutti und ich Unter den Linden im Gedränge. Adolf Hitler soll hier vorbeifahren auf dem Weg zu einer Rede im Reichstag.

Muttis Freundin hatte keine Lust mitzukommen, nicht mal aus Höflichkeit wollte sie uns begleiten. Wir warten und warten, Mutti will nicht weggehen. Plötzlich ruckeln alle herum und schreien: »Er kommt!«

Mutti hebt mich schnell hoch, ich muss ihn ja sehen, nicht sie, aber es war Fehlalarm. Sie lässt mich wieder runter.

In dem Moment rufen die Leute: »Da issa!«

»Junger Mann«, sagt einer, »ich heb dich hoch, komm, damit du ihn sehen kannst.«

Er hievt mich auf seine Schultern. Ich flüstere immer weiter »Sitatunga«.

Das offene schwarze Auto mit dem stehenden Hitler drin fährt vorbei. Es ist ziemlich weit entfernt von der Stelle, an der wir stehen. Hitler hält den rechten Arm hoch. Alle Leute brüllen, jubeln – so laut, dass mir die Ohren dröhnen. Ich bin verwirrt und drehe mich um. Wo ist Mutti?

Dann ist das Auto weg, der Mann lässt mich runter, Mutti kämpft sich durch das Gewühl zu mir durch. Ich nehme schnell ihre Hand. Mutti bedankt sich und lächelt zufrieden.

»Können wir jetzt endlich gehen?«, frage ich. Sie nickt verlegen lächelnd. Der Mann grinst und ruft noch: »Mach's gut, kleiner Lockenkopf!«

Mutti hat Recht gehabt. Gleich am ersten Schultag in der Lessingschule, unsere Schultüten lehnen neben den Bänken, in der einzigen Stunde am ersten Tag, zeigt Frau Steinecke, unsere Klassenlehrerin, auf das Ölbild von Hitler, das über der Tafel hängt, und fragt mit sanfter Stimme: »Wer von euch hat denn unseren lieben Führer schon mal gesehen?«

Ich rufe stolz: »Ich!«

»Jeder, der etwas sagen möchte, hebt seine Hand und spricht erst, wenn ich ihn aufrufe. Ihr nennt erst eure Namen, damit wir sie lernen können, und gebt dann Antwort. Also noch mal.«

Ich traue mich erst nicht, dann hebe ich langsam die Hand und blicke mich um. Niemand sonst meldet sich. Alle Kinder sehen mich neugierig an. Ich will meine Hand unauffällig sinken lassen und mich verkriechen, doch Frau Steinecke ruft mich auf.

»Ich heiße Josef Heinrichs und ich hab ihn schon mal gesehn.«

Alle Kinder murmeln, manche höre ich bewundernd »Oh« sagen, manche neidisch »Och«.

»Sonst noch jemand?«, fragt Frau Steinecke.

Niemand.

»Na, dann erzähl mal, Josef. Wo hast du ihn gesehen?«

»In Berlin. Er saß im Auto und ist vorbeigefahren. Und ich habe eine Sitatunga gesehn.«

Frau Steinecke guckt groß, schweigt, zögert. »Na, dann erkläre den anderen mal, was das ist, eine . . . ehem . . .«

»Eine Sitatunga ist eine westafrikanische Waldantilope. Wir waren nämlich in Berlin im Zoo.«

»So«, sagt Frau Steinecke. »Du hast also als Einziger hier den Führer gesehen.«

Hätte ich nicht gewusst, das ist er, hätte ich ihn nicht erkannt. So weit weg war er. Auf jeden Fall hat sich die Mühe gelohnt. Nach der Stunde kommen die Kinder zu mir und sehen mich neugierig an. Der große Hartmut steht mit den Händen in den Hosentaschen da und fragt, ob der Führer gelächelt hat.

Ich nicke. »Er hat mich sogar angesehen.«

»Hat er eine Uniform angehabt?«, fragt Werner.

»Ja, eine braune. Und einen hellen Mantel drüber.«

Gleich am ersten Tag habe ich Freunde, die in den Pausen mit mir Murmeln spielen.

In meiner Straße spiele ich meistens mit Marianne von gegenüber, mit Ilse, die am Wasserturm wohnt, und mit Helmut Krause. Er wohnt unter uns und ist mein bester Freund. Wenn meine Mutter zur Wäschemangel geht, dürfen Helmut und ich mit. Die Mangel gehört Herrn Bartelt. Er ist Schneider und wohnt zwei Häuser weiter auf unserer Straßenseite. Im Hinterhaus Parterre steht seine automatische Wäscherolle. Meine Mutter wirft eine Mark ein, die beiden Rollen beginnen sich zu drehen, eineinhalb Stunden lang. Meine Mutter schiebt die Wäsche durch die Holzrollen, davon wird sie ganz glatt: Handtücher, Tischdecken, Bettwäsche. Sogar Unterhemden, Unterhosen, Röcke. Denn sie will ihre Mark ausnutzen und nicht nach Hause gehen, bevor die Wäscherolle abschaltet. Wir müssen die Wäsche hinten auffangen, damit sie nicht auf den Boden fällt. Helmut an einer Seite, ich an der anderen. Herr Bartelt gibt uns jedes Mal was zum Naschen, deswegen helfen wir Mutti so gern.

Es regnet schon seit Stunden. So ein Novemberregen, bei dem man denkt, er würde nie aufhören. Meine Mutter hat mir eine Geschichte vorgelesen. Danach habe ich das Licht ausgemacht. Und jetzt höre ich Grölen, Stampfen. Mein Vater stürzt ins Zimmer und hält mich fest. Ich darf nicht ans Fenster gehen, kein Licht anmachen. Draußen marschieren Leute vorbei und singen. *»... spritzt das Judenblut noch mal so gut ...«*, verstehe ich.

Ich habe Angst. Vati streichelt mich, Mutti setzt sich zu uns aufs Bett. Dann klingelt es an der Tür. Vati geht öffnen. Gleich darauf kommt er mit Onkel Peter zurück. Das ist Muttis Bruder. Ihre Freundin Veronika ist auch dabei.

»Wir wollten nur sehen, ob bei euch alles in Ordnung ist«, sagt Onkel Peter.

Mutti baut ihnen im Wohnzimmer ein Bett.

Das Grölen der Männerstimmen verebbt. Ich schlafe nur schwer ein.

Am Morgen in der Schule reden alle durcheinander und niemand spielt. Erst begreife ich nichts, höre nur »Feuer« und »Scherben«. Der lustige Werner, der bestimmt hundert Witze auswendig weiß, ist begeistert von den Ereignissen der Nacht und erzählt stolz, sein großer Bruder sei dabei gewesen.

»Wobei?«, frage ich.

»Na, letzte Nacht. Du hast wohl keine Ahnung, du Dämel. Sie haben es den Juden gezeigt.«

»Was gezeigt?«

»Wer hier der Herr ist.«

Frau Steinecke kommt. Alle stehen gerade neben den Bänken, brüllen wie mit einer Stimme: »Heil Hitler, Frau Steinecke!«

»Heil Hitler! Setzen! Guten Morgen!«

Alle warten, was sie sagt. Sie schweigt. Dann müssen wir aufstehen und singen. Das Gebet der deutschen Kinder. So heißt das Lied.

Schütze, Herr, mit starker Hand
unser Volk und Vaterland!
Lass auf unsers Führers Pfade
leuchten deine Huld und Gnade.

Weck im Herzen uns aufs Neue
deutscher Ahnen Kraft und Treue,
lass uns alle, stark und rein,
deine deutschen Kinder sein.

Nach dem Lied fragt Frau Steinecke: »Wisst ihr, was passiert ist?«

Hans, der sonst ziemlich schüchtern ist, ruft: »Die SS hat Scheiben eingeworfen.«

Ehe Frau Steinecke etwas sagen kann, erzählt Erich: »Die Synagoge ist abgebrannt. Ich habe am Fenster gestanden und das Feuer gesehen und auf die Feuerwehr gewartet. Aber sie ist nicht gekommen. Ich hab gesagt: ›Vati, hat denn keiner die Feuerwehr gerufen?‹ – ›Nein.‹ – ›Aber da brennt doch alles ab!‹ Mein Vater hat gar nichts gesagt. ›Dann müssen wir doch was machen‹, hab ich gerufen, aber er hat nur den Kopf geschüttelt. Ich weiß nicht, ob jemand drin war in der Synagoge.«

»Meinst du, niemand hat die Feuerwehr gerufen?«, fragt Frau Steinecke. »Das hätte man doch tun müssen!«

»Vielleicht haben die Leute alle kein Telefon. Meine Eltern hätten bestimmt angerufen, wenn wir ein Telefon hätten.«

»Vielleicht hat sich niemand getraut, damit die Feuerwehr nicht die Namen aufschreibt«, sagt Günter leise.

Und Gerhard meint: »Oder die Leute dachten, ach, wozu brauchen wir die Feuerwehr, wir werden schon selbst mit dem Feuer fertig.«

Jeder redet, wann er will. Frau Steinecke schimpft nicht.

Ich weiß nicht mal, was eine Synagoge ist. Erst traue ich mich nicht, dann frage ich doch: »Was ist denn eine Synagoge?«

»Da gehen die Juden zum Beten hin. Das ist ihre Kirche«, erklärt Frau Steinecke. »Gestern Nacht ist etwas Schlimmes passiert. Die Juden gehören zwar zu einer anderen Rasse, aber so darf man nicht mit ihnen umspringen. Man kann diese Leute doch nicht einfach schlagen und ihre Wohnungen zertrümmern. So geht es nun wirklich nicht. Wenn der Führer das wüsste, er hätte es nicht zugelassen.« Sie sieht aus, als wolle sie weinen. Doch sie schluckt die Tränen runter und strafft die Schultern. Plötzlich hat sie eine ganz andere Stimme. »Aber ein Gotteshaus würde kein Deutscher anzünden, nicht mal eine Synagoge. Die Juden müssen sie selbst angezündet haben, damit sie es uns nachher in die Schuhe schieben können. So ist der Charakter dieser Rasse. Ihr habt das Glück, zur nordischen Rasse zu gehören. Die minderwertigen Rassen sind dunkel, so wie . . .«, sie sieht sich um, »ja, so wie unser Josef hier.«

Plötzlich habe ich Gänsehaut. Bin ich denn anders? Die Kinder drehen sich nach mir um. Aber Frau Steinecke redet schon weiter. Sie gibt uns eine Aufgabe. Zehn Wörter mit Rasse abschreiben, sortiert nach Haupt- und Eigenschaftswörtern. Wer eins weiß, sagt es. Frau Steinecke schreibt es an die Tafel und wir in unsere Hefte:

»Hauptwörter: *Rassenwert, Rassenschande, Rassengedanke, Menschenrasse, Tierrasse.*

Eigenschaftswörter: *rassenfalsch, rasserein, rassig, rasseverwandt, stolzrassisch.*«

So viele »S«. Manche Buchstaben haben wir noch nicht geübt. Das »Sch« und »Ie« haben wir nicht gekannt. Manche Wörter haben wir erst jetzt gelernt. Und in der Pause sagt Hartmut mit hämischem Grinsen zu mir: »Du bist minderwertig, ätsch.«

»Selber.«

»Nö, ich bin blond.«

Und dann rufen alle im Chor: »Minderwertig, minderwertig!« Sie bilden einen Kreis um mich, hüpfen und lachen und rufen immer lauter: »Minderwertig, minderwertig.« Dann fangen sie an mich hin und her zu schubsen, hin und her.

Wenn ich liege, stehe ich auf und liege gleich wieder. Und weine.

»Minderwertige Heulsuse! Minderwertige Heulsuse!«

Nicht alle schubsen mich, viele sehen nur zu, einige sehen nicht zu. Vor meinen Augen verschwimmt alles. Da kommt Hans einfach in den

Kreis rein, nimmt mich an der Hand und zieht mich raus.

Nun schubsen sie Hans, aber der taumelt nur, wühlt gleichzeitig in der Hosentasche und holt schöne neue Glasbucker raus. Damit hat keiner gerechnet. Wer stößt schon einen herum, der Murmeln spielen will? Also packen Hartmut, Werner und die anderen auch aus, denn es gibt nicht jeden Tag neue und so große Murmeln zu gewinnen.

Nach der Schule renne ich nach Haus, trommle an die Tür und stürze in die Wohnung.

»Was ist denn los?«, fragt meine Mutter.

»Warum haben die Juden die Synagoge angezündet?«

»Wer sagt das?«

»Frau Steinecke.«

Mutti schweigt. Schon weiß ich, es ist kein Denkschweigen, da macht sie »hm« oder »äh«. Es ist ein Ich-will-nichts-sagen-Schweigen, ganz stumm und ohne mich anzusehen.

»Stimmt es nicht, was sie gesagt hat?«

»Vielleicht stimmt's.«

»Aber nur vielleicht.«

Sie nickt und sagt: »Würdest du mit Absicht deine Sachen verbrennen?«

Ich schüttle den Kopf. »Aber wer war's denn?«

»Es gibt Menschen, die andere Menschen nicht mögen. Die tun so etwas.«

»Ich finde, wenn andere Menschen minderwertig sind, dann muss man doch gerade gut zu ihnen sein und Mitleid haben, dass sie minderwertig sind.«

»Woher hast du denn das Wort?«

»Von Frau Steinecke.«

»Es gibt niemanden, der mehr wert ist als ein anderer.«

Mutti dreht sich von mir weg. Einen Moment später geht sie in die Küche und stellt Teller auf den Tisch für das Mittagessen.

Nachmittags gehe ich runter spielen. Helmut ist auch da.

»Komm«, sagt er. »Wir gehen mal rumgucken.«

Der jüdische Friedhof am Wasserturm ist zerstört, alle Grabsteine und Denkmäler sind umgekippt, Bier- und Schnapsflaschen liegen herum. Viele Scherben. An einem Haus sehe ich einen mit weißer Farbe angemalten Stern. Viele Wohnungen mit kaputten Fenstern. Ich schaue zu Ilses Wohnung hoch. Ihre Fenster sind noch ganz und alle geschlossen.

Helmut läuft immer weiter. Er ist sauer. Schließlich frage ich ihn, was los ist.

»Mein Vater will nicht, dass ich mit dir spiele.«

Ich kriege einen Schreck. Hab ich was ausgefressen und weiß es nicht?

»Du bist zu dunkel, meint er.«

»Aber du hast doch selber braune Haare. Sie sehen sogar fast schwarz aus.«

»Keine Sorge, ich lass mir von ihm gar nichts sagen, ich spiele, mit wem ich will.«

Er legt seinen Arm um meine Schultern, ich meinen um seine, so gehen wir nach Hause. Wir wollen keine Scherben mehr sehen.

1939

Sooft es geht, spiele ich mit Helmut, Marianne und Ilse unten auf der Straße. Bei Vater-Mutter-Kind ist Ilse die Mutter und ich bin der Vater. Marianne und Helmut sind die Kinder, aber sie spielen keine Babys. Sie trieseln. Dazu braucht jeder einen Kreisel und einen Stock mit einer Schnur, die Peitsche. Die Schnur muss man um den Kreisel wickeln, dann mit einem Ruck die Schnur abrollen. Der Kreisel dreht sich. Wenn man mit der Peitsche dagegen schlägt, dreht er sich immer schneller. Wer es schafft, seinen Kreisel am längsten zu trieseln, hat gewonnen.

Ich, der Vater, und Ilse, die Mutter, unterhalten uns.

Die Mutter sagt: »In der Zeitung steht, jetzt haben alle wieder Arbeit.«

»Jaja, wenn das man so wäre«, sage ich als Vater.

»Da hast du Recht«, sagt sie. Dann als Ilse:

»Heute habe ich keine Lust. Wir spielen was anderes.«

Helmut will Fahnenappell spielen. Sie hatten es in der Schule. Er ist eine Klasse über mir. Wir müssen alle antreten in Reih und Glied, strammstehen.

»Klasse 2b angetreten!« – »Danke. Abrücken!« – »Im Gleichschritt marsch!«

Links zwo, drei, rechts zwo, drei. Helmut marschiert voran zum nächsten Baum, das ist der Fahnenmast. Wir stellen uns auf. Helmut zieht die unsichtbare Fahne hoch, wir müssen alle den rechten Arm heben. Ilse will nicht mitmachen.

»Wieso denn nicht? Mach doch«, sage ich.

Zögernd hebt sie den Arm. Helmut sagt ein Gedicht auf:

Du Fahne mit dem Hakenkreuz
bist unser liebstes Gut.
Dröhnt laut der Feinde Kampfalarm –
wir schützen dich mit unserm Arm,
mit unserm jungen Blut.
Du Fahne mit dem Hakenkreuz . . .

Weiter weiß er nicht. Zum Abschluss rufen wir: »Heil Hitler!«

»Selber! Ich bin doch kein Arzt«, sagt Helmut.

Wir kichern und setzen uns auf die Bordsteinkante.

Marianne kaut auf ihrem Zopf. »Meine Eltern sind in der Partei Mitglied. Eure auch?«

Wir wissen es alle drei nicht.

Ilse sagt: »Meine vielleicht auch. Warum nicht? Ich frag sie mal.«

»Ich glaub, ja, meine schon«, sagt Helmut und ich: »Meine bestimmt auch.«

Ich sehe von weitem meinen Vater von der Arbeit zurückkommen. Er geht immer mit den Füßen ein wenig einwärts und sehr langsam.

»Vati? Seid ihr auch in der Partei?«

»In welcher?«

Ich weiß es nicht, sehe Marianne fragend an.

Sie nimmt ihren Zopf aus dem Mund und sagt unsicher: »Ich habe gedacht, es gibt nur eine.«

Vati stellt seine Tasche auf den Boden und setzt sich auch auf den Bordstein.

»Seht mal, falls es Wahlen gibt, sind sie geheim. Jeder soll für sich entscheiden, welche Partei er wählen möchte, ohne dass jemand versucht ihn zu beeinflussen. Das nennt man Wahlgeheimnis. Und ihr wisst ja, dass man Geheimnisse nicht verraten darf.«

»Ich hab auch ein Geheimnis, soll ich es dir mal verraten?«, frage ich. »Und dann verrätst du mir deins.«

Da steht Vati auf und zieht mich mit. »Komm«, sagt er, »gleich gibt es Essen.«

Helmut kommt mit rein, Marianne und Ilse gehen auch nach Hause.

Frau Steinecke steht mit ihrem blonden Dutt und hochgerecktem rechten Arm vor der Klasse. Wir stehen neben den Bänken, ebenfalls die rechten Arme erhoben. Wir singen:

»Deutschland, Deutschland über alles, über alles in der Welt, wenn es stets zu Schutz und Trutze brüderlich zusammenhält …«

Alle drei Strophen. Und danach:

»Die Fahne hoch, die Reihen fest geschlossen! SA marschiert mit ruhig festem Schritt …«

Da kann ich schon nicht mehr. Den anderen sind die Arme leicht herabgesunken, aber sie halten aus. Ich nicht. Ich muss meinen Arm mit dem anderen abstützen. Mir zittern schon die Muskeln.

»Die Straße frei den braunen Bataillonen …«

Frau Steinecke kommt singend auf mich zu, schubst meinen linken Arm weg, zieht den rechten mit einem Ruck nach oben. Dann sagt sie: »Ein deutscher Junge braucht sich nicht abzustützen.« Und singt weiter.

»Zum Kampfe stehn wir alle schon bereit. Bald flattern Hitlerfahnen über allen Straßen …«

Nach dem Singen bin ich völlig erschöpft und mein Arm kribbelt. Wir dürfen uns setzen. Frau Steinecke schaut in die Runde, mich sieht sie nicht an. Sie hat ihren strengen Blick, die Falte zwischen den Augenbrauen.

»Ich wiederhole es ein für alle Mal: Ein

deutscher Junge braucht sich nicht abzustützen.«

Da lachen viele hämisch.

Am Nachmittag verkrieche ich mich mit Vatis Uhr im Schlafzimmer. Die Uhr hat einen Sekundenzeiger. Er nimmt sie nie mit zur Arbeit. Ich lege sie in meine Linke, den rechten Arm strecke ich hoch, dann singe ich flüsternd in der Ecke hinter dem Schrank. Mutti soll mich nicht hören. Bei dem Refrain *Deutsche Frauen, deutsche Treue* kann ich kaum noch, kribbeln schon meine Finger, es sind eineinhalb Minuten. Bei der dritten Strophe halte ich gerade noch so durch. Es ist wie in der Schule. Bei *mit ruhig festem Schritt* lasse ich den Arm sinken, aber ich singe weiter, will ja die Zeit stoppen. Dreieinhalb Minuten.

Mutti reißt die Tür auf. »Ach, da bist du ja. Was machst du denn hier?«

»Mutti, kannst du dreieinhalb Minuten lang den Arm hochhalten?«

»Weiß ich nicht. Wieso?«

»So lange dauert es, wenn man das *Deutschlandlied* und *Die Fahne hoch* hintereinander singt.«

Aber Mutti will es nicht ausprobieren.

Abends bitte ich Vati, dreieinhalb Minuten den Arm hochzuheben. Er will wissen, warum. Ich erzähle, dass Frau Steinecke gesagt hat: Ein deutscher Junge stützt sich nicht ab.

Vati will es nicht ausprobieren.

»Du kannst ja den linken Arm nehmen«, sage ich.

Da lacht er, steht auf, Mutti auch und sie heben ihre linken Arme. Ich sehe auf die Uhr und feure sie an, schon eine Minute, jetzt habt ihr fast die Hälfte. Vati macht nach zwei Minuten schlapp, Mutti nach zweieinhalb.

»Wenn ihr wieder singt«, sagt Vati, »und du kannst nicht mehr, dann winkelst du den Arm an, so, guck, die Hand liegt fast über der Schulter. Und wenn Frau Steinecke dann schimpft, sagst du: So macht es Adolf Hitler doch auch, wenn er seinen Arm nicht mehr gerade hochhalten kann. Das hab ich selbst gesehen.«

Trotzdem übe ich, wenn meine Eltern mich nicht sehen, den Arm gerade hochzuhalten. Ich trainiere am liebsten vor dem Spiegel, dann kann ich auch gleich mein Kruppstahlgesicht dazu versuchen. Frau Steinecke hat nämlich erzählt, Adolf Hitler will, dass die deutschen Kinder hart wie Kruppstahl sind.

Ich blicke also entschlossen geradeaus, lasse meine Augen glühen, das ist das Schwierigste, die Augenbrauen ziehe ich zusammen, beiße die Zähne aufeinander und recke das Kinn vor. Hübsch sehe ich nicht aus dabei. Und beim Singen geht das natürlich alles nicht, aber vor und nach dem Lied.

»Weißt du eigentlich, was du da singst?«, fragt meine Mutter.

»Nicht so genau. Ich weiß nicht, was SA heißt.«

»SA heißt ›Sturmabteilung‹. Die gehört zur Partei von Hitler.«

»Mögen die ihn?«

»Ja, sie machen Reklame für ihn, damit andere Leute ihn auch gut finden.«

Das nächste Mal beim Singen in der Schule denke ich daran, dass Adolf Hitler auch nicht so lange aushalten kann. Außerdem weiß ich ja jetzt, dass nach der zweiten Strophe des Deutschlandliedes schon die Hälfte geschafft ist und nach der letzten noch eineinhalb Minuten zu überstehen sind.

»Josef Heinrichs! Du hast nicht richtig mitgesungen«, sagt Frau Steinecke, »und den Arm nicht gerade gehalten.«

Ich melde mich, sie nickt, ich stehe auf.

»Adolf Hitler hält seinen Arm aber auch so. Ich hab's gesehn.«

Sie blickt in die Runde, läuft einmal zum Fenster, dann zurück in die Mitte.

»Setzen!«, sagt sie zu mir. Und dann: »Wer kann sich denken, warum unser Führer den Arm nicht immer ausgestreckt hält?«

Sie läuft zur Tür, wieder zur Mitte und ruft Gerhard auf, der neben mir sitzt.

»Vielleicht ist es ihm zu anstrengend. Er muss

ja noch viel länger stehen als wir, manchmal stundenlang.«

Und Werner sagt kichernd: »Der Gruß heißt ja Heil Hitler. Ich glaube, ihm ist es peinlich, sich selbst zu loben.«

Frau Steinecke lächelt. »Ja, ihr habt beide Recht. Er muss beispielsweise während einer Parade alle Soldaten grüßen, das kann tatsächlich eine Stunde dauern. Und wahrscheinlich ist es ihm auch peinlich, sich selbst zu loben, denn unser Führer ist ein sehr bescheidener Mensch, der sich nicht gern in den Vordergrund stellt. Aber der Gruß bedeutet nicht nur Heil Hitler. Er stammt von den Germanen und bedeutet: Sieh, ich bin ohne Waffen, also in friedlicher Absicht gekommen und grüße dich.«

Nach einer kurzen Pause fügt sie hinzu: »Und du, Josef, du singst jetzt noch mal. Und Arm hoch!«

Nach der zweiten Strophe weine ich.

Frau Steinecke gibt mir eine Kopfnuss. »Sing weiter!«

Jemand kichert. Mein Arm zittert. Ich singe, so schnell es geht. Sobald ich durch bin, beginnt Frau Steinecke mit dem Unterricht.

An einem Nachmittag hocken Helmut und ich auf unseren Rollschuhen, leicht vornübergebeugt und rasen die abschüssige Wielandstraße hinab, eine der wenigen asphaltierten Straßen in unserer Gegend. Es ist fast kein Auto unterwegs, so dass wir nicht ausweichen müssen. Wer als Erster unten ist, hat gewonnen. Meistens schnallen wir unten die Rollschuhe ab und laufen um die Wette den Hügel wieder hinauf. Aber manchmal warten wir am Straßenrand auf ein Pferdefuhrwerk. Wir verstecken uns, weil der Kutscher böse wird, wenn er sieht, dass wir uns an den Wagen hängen. Die Pferde haben schon genug Last.

Wir sitzen auf der Bordsteinkante, ein kleines Stück sind wir schon aufgestiegen und warten. Getrappel, ein Wagen kommt. Auf unserer Höhe läuft das Pferd meist schon langsamer. Ich nehme Anlauf, aber zu früh. Der Kutscher sieht mich und stößt mich mit dem Peitschenknauf um. Helmut lacht. Den nächsten Wagen erreichen wir, aber Helmut schafft es nicht, sich zu halten. Rückwärts rollt er die Straße wieder hinab. Ich lasse den Wagen auch los und warte auf Helmut. Doch er bleibt unten. An den nächsten Wagen hängt er sich dran. Ich schaffe es, dazuzukommen und mich festzuhalten, das Pferd zieht uns mit. Das Fuhrwerk ist ein geschlossener Kasten, die Ladung ist nicht zu sehen. Bei dem Loch in der Straße stemmen wir uns hoch, die Rollschuhe sollen nicht hängen bleiben, wir sind schon zu oft an dieser Stelle gefallen, jetzt kennen wir uns aus.

Bei dem Loch ist der Deckel des Kastens hochgehüpft.

»Guck mal, Bubi«, flüstert Helmut.

»Die sehen ja schrecklich aus«, wispere ich. Mir zittern plötzlich die Knie. Wir rücken eng zusammen. Der Kutscher darf uns auf keinen Fall entdecken. Wir versuchen aber ihn zu sehen. Er hat eine Mütze auf, eine Zigarette im Mundwinkel. Er dreht sich um, wir ducken uns. Es ist der Vater von Günter aus meiner Klasse, der so lange arbeitslos war.

»Komm.« Helmut lässt los und rollt an den Straßenrand, ich hinterher.

Er ist weiß wie Papier, selbst seine Lippen haben die Farbe verloren. Wir setzen uns auf den Bordstein.

»Wir hätten sie da rausholen müssen«, sage ich.

»Die waren doch alle tot, hast du das nicht gesehn?«

»Ich ... Doch. Aber vielleicht hat ja noch einer geatmet.«

»Quatsch. Hast du die Knochen gesehen? Die sahen alle aus wie das Skelett in unserer Schule. Nur dass die noch Haut drum hatten.«

»Dann sind sie verhungert.«

Wir haben beide Gänsehaut, frieren erbärmlich. Die Rollschuhe nehmen wir in die Hand und rennen nach Hause.

Bevor wir uns trennen, sage ich: »Der Kutscher ist der Vater von einem aus meiner Klasse.«

»Echt?«

Ich nicke. Helmut klingelt an seiner Tür, ich gehe weiter hoch. Meine Mutter denkt, ich bin krank. Sie wickelt mich in eine Decke, misst, ob ich Fieber habe, und kocht Pfefferminztee. Ich lasse alles geschehen, ich habe das Gefühl, ich könnte keinen Finger heben. Meine Temperatur ist hoch, ich bin krank.

»Schlaf«, sagt Mutti, aber ich kann die Augen nicht schließen. Denn dann sehe ich dürre Arme, Beine, dunkle Augenhöhlen, zurückfallende Unterkiefer. Ein Toter streckt seine Hand aus, die knochigen Finger umschließen eisern mein Gelenk, ich kann nicht los, muss immer weiterfahren, dann zieht mich die Hand, ich schreie, ich wache in Muttis Armen auf, sie sagt: »Jetzt erzähl mal.«

Zuerst erzähle ich den Traum, dann das, was wir gesehen haben. »Du sollst aber nicht schimpfen.«

Sie hat nämlich verboten, dass wir uns mit Rollschuhen an Fuhrwerke hängen.

Sie schimpft nicht, drückt mich nur an sich.

Abends sagt sie zu Vati: »Jetzt hör dir das mal an«, und zu mir: »So, nun erzähl alles noch mal.«

Ich bin schnell fertig.

Vati sieht mich scharf an und fragt: »Was noch? Sag es.«

»Der Kutscher ist Günters Vater.«

Da erschrecken beide und Vati sagt: »Der arme Hund.«

Nie wieder hängen wir uns an ein Fuhrwerk.

Am nächsten Tag in der Schule kann ich Günter nicht in die Augen sehen. Er hat sich so gefreut, dass sein Vater Arbeit hat. Also weiß er nicht, was für eine Arbeit das ist.

»Geht's deinem Vater gut?«, frage ich in der Pause ohne Günter anzusehen.

»Nein«, sagt Günter. »Er flucht dauernd rum, er hat meistens schlechte Laune. Aber er verdient jetzt wenigstens Geld.«

Heute und morgen ist schulfrei. In unserer Schule wird der Luftschutzkeller ausgebaut und wir müssen in der Zeit zu Hause einen Aufsatz schreiben mit der Überschrift *Wenn eine Brandbombe unser Haus trifft.*

An der Tafel stehen die Überschrift und alle schwierigen Wörter, die wir verwenden sollen: *Luftschutzwart, Hausfeuermänner, Volksgasmasken, Bombe, sprühen, feucht, Kiste.*

Ich schreibe: »Wenn eine Brandbombe unser Haus trifft, dann muss der Luftschutzwart sie erst mal finden. Die Hausfeuermänner helfen ihm. Sie haben Volksgasmasken auf. Dann gehen sie auf den Dachboden und sehen die brennende Bombe. Sie sprühen vorsichtig Wasser darauf und werfen feuchten Sand drüber. Die Eimer im Treppenhaus müssen immer voll Wasser sein. Der Sand in der Kiste darf gar nicht trocknen. Wenn es mal brennt, dann müssen alle helfen, sogar die Kinder.«

Dazu male ich noch die Fliegerwarnflagge. Sie ist gelb-blau-gelb längs gestreift. Sie wird bei Fliegeralarm hochgezogen für die Leute, die die Sirene nicht hören können.

Mutti schüttelt sich, während sie meinen Aufsatz durchsieht. »Das hört sich ja an wie im Krieg«, sagt sie und sieht aus, als würde sie am liebsten wegrennen.

Frau Steinecke unterrichtet uns in allen Fächern, außer in Sport. Da haben wir Herrn Diestel, der von allen Stachel genannt wird.

Wir mussten uns alle eine Volksgasmaske Größe K für Kinder, eine VM 37 für fünf Mark, kaufen und heute mitbringen. Zuerst machen wir Atemübungen. Vor unseren Füßen liegen die weißen Pappkartons mit den Gasmasken drin. Mit hochgestreckten Armen einatmen, Hände an die Füße, ausatmen. Hoch – ein, runter – aus. Dann Kniebeugen, Liegestütz, Rennen, Stehenbleiben im Kreis. Stachel zeigt uns, wie man die Gasmaske aufsetzt. Im Nu steht er vor uns mit glattem Gummischädel, der Filter vorn sieht aus wie ein Schweinerüssel, durch zwei Fensterchen glotzt er uns an. Wir schauen ihn auch bloß an und kichern.

Er nimmt die Gasmaske ab. »Ihr sollt mich nicht anstarren, ihr sollt eure VMs aufsetzen. Also den Einatemfilter, genannt E-Filter, vor den Mund, den A-Filter, den Ausatemfilter, vor die Nase.«

Das Gummi liegt eng am Kopf an und stinkt. Mir wird schwindlig. Kommt überhaupt Luft durch?

Der starke Erich kippt plötzlich um. Stachel reißt ihm die Gasmaske vom Kopf und stellt ihn auf. Erich grinst verlegen und bekommt langsam wieder Farbe.

»Also, ich wiederhole jetzt alles, was ich in der letzten Stunde gesagt habe. Das ist eben heute die erste praktische Übung. Unter der Volksgasmaske versucht ihr tief und ruhig ein- und vor allem auszuatmen. Haltet auf keinen Fall die Luft an. Ich hebe die Arme, wenn ihr einatmen sollt. Und beim Ausatmen die Arme runter, immer sachte.«

Wie vorhin: hoch – ein, runter – aus, hoch – ein ... Es ist schwer einzuatmen, ich muss mir die Luft von draußen hereinsaugen, in meinem Kopf dreht sich alles.

Danach dürfen wir die Gasmasken abnehmen, den Filter rausschrauben und auf Kommando die Gasmaske mehrmals über und vom Kopf ziehen. Dann mit Gasmaske strammstehen, ohne Filter können wir frei atmen. Wie wir aussehen! »Guck dir mal den an.« – »Guck mal, der.« Wir lachen.

»Ruhe!«, brüllt Stachel. »In einer Reihe aufstellen.«

Wir müssen hinter Stachel her durch die Turnhalle rennen, unter Barren durch, über Kästen und Seile springen, alle möglichen Hindernisse erkennen. Das ist schwer, wenn man nur durch zwei Löcher gucken kann. Hans stößt sich den Kopf an einer Stange. Stachel lacht nicht wie sonst, schimpft auch nicht oder sagt »Trottel«. Nein, er geht zu ihm und fragt, ob alles in Ordnung ist. Hans nickt. Das ist kein normaler Sportunterricht, so kenne ich Stachel nicht, das mit der Gasmaske sollen wir also unbedingt lernen. Warum?

Frau Steinecke hat uns auswendig lernen lassen: *Pflege deine Volksgasmaske noch besser als deine Kleidung, denn sie soll dir gegebenenfalls das Leben retten.*

Sie hat gesagt, die anderen Länder könnten uns mit gefährlichen Chemikalien angreifen. Aber warum sollten sie das tun?

Ich schwitze. Wir sollen den Filter wieder einschrauben und mit Gasmaske *Die Fahne hoch* singen. Dann: »Maske ab, umziehen gehen.«

Ich mag Stachel und Sport nicht. Wer was nicht kann, wird sonst immer ausgelacht, erst von Stachel, dann von den Kindern. Ich mag auch nicht, dass ich selber andere mit auslache, aber ich tue es trotzdem. Ich bin froh, wenn sie nicht über mich lachen.

An dem Freitag, als der Krieg beginnt, müssen wir in der Schule die Radioübertragung der Rede Hitlers im Berliner Reichstag anhören. Wir freuen uns, dass der Unterricht ausfällt. Alle Klassen sitzen in der Aula und niemand kann still sitzen. Denn es ist so wie immer: Wenn Hitler einmal anfängt zu reden, dauert es ewig, bis er wieder aufhört. Manchmal sogar, bis es klingelt und noch länger. Wir dürfen nicht auf den Schulhof, wenn er noch redet. Wir müssen immer sitzen bleiben bis zum Schluss, auch wenn wir dann keine Pause haben. Heute kommt erst ganz viel Marschmusik. Wir hören gar nicht zu, sondern flüstern miteinander. Die Lehrer achten nicht darauf, weil sie wegen des Krieges so aufgeregt sind.

Gerhard freut sich, dass er das Schiff, das zuerst geschossen hat, die *Schleswig-Holstein*, in seiner Sammlung vom Cigarettenbilderdienst hat. »Mein Vater raucht zum Glück ziemlich viel«, sagt er. Er freut sich darüber, weil in jeder Zigarettenschachtel ein Sammelbild steckt.

Mein Vater raucht leider nicht.

»Meinst du, man kann noch draußen spielen, wenn Krieg ist?«, wispere ich.

»Na klar, der Krieg ist doch in Polen und

nicht hier. Da ist es jetzt gefährlich. Da sterben jetzt welche.«

»Mein Opa ist im Krieg gestorben. Und mein Onkel. Und Onkel Guntram hat ein Holzbein.«

»Ich hab auch nur noch einen Opa.«

Hans, der hinter mir sitzt, flüstert mir ins Ohr: »Jetzt müssen wir auch Drahtverhau essen.«

»Was ist denn das?«

»Getrocknetes Gemüse. Meine Mutter musste es früher im Krieg essen und sie hat gesagt, es war zäh wie Draht.«

»Oder Kohlrüben gibt's dann. Jeden Tag!«

Ich schüttle mich. Hans kichert. Dann sind wir wieder still und versuchen der Übertragung zuzuhören. Meistens schalte ich gleich ab, wenn ich diese Stimme höre. Meine Mutter sagt immer: »Wenn der bloß nicht so schreien würde.« Ich verstehe auch meistens nicht, was er meint. Aber jetzt höre ich genau zu.

»Seit fünf Uhr fünfundvierzig wird zurückgeschossen. Und ab jetzt wird Bombe mit Bombe vergolten. Wer mit Gift kämpft, wird mit Giftgas bekämpft ...«

Ich stoße Gerhard an, aber er zischt psst, weil er weiterhören will.

»Über sechs Jahre habe ich nun am Aufbau der deutschen Wehrmacht gearbeitet. In dieser Zeit sind neunzig Milliarden für den Aufbau unserer Wehrmacht aufgewendet worden. Sie ist heute die am besten ausgerüstete ...«

»So viel Geld müsste man haben, was?«, flüstert Gerhard.

»Vielleicht kommt das vom Schmuck. Meine Mutter hat zu Hause Ringe aus Eisen von meiner Oma. Die hat sie für ihre goldenen Ringe bekommen, die sie im Krieg der Regierung gegeben hat, damit mehr Waffen gekauft werden können.«

»Echt?«, fragt Gerhard.

Ich nicke.

»War es echtes Gold?«

»Hm.«

»Wieso hat sie es hergegeben?«

»Ich glaube, weil sie wollte, dass Deutschland den Krieg gewinnt.«

Wir hören weiter die Rede:

»Wir alle bekennen uns damit zu unserem alten Grundsatz: Es ist gänzlich unwichtig, ob wir leben, aber notwendig ist es, dass unser Volk, dass Deutschland lebt! Ich erwarte von Ihnen . . .«

Es klingelt zum Stundenende. Die Lehrer wedeln mit den Armen zum Zeichen, dass wir sitzen bleiben müssen. Aber zum Glück ist die Rede gleich vorbei, danach sagt jemand nur ganz kurz was im Radio und dann können wir endlich gehen.

Nach der Schule rennen alle gleich nach Hause.

»Mutti, hast du schon gehört, es ist Krieg!«, rufe ich gleich im Flur.

Meine Mutter nickt. Sie schrappt Möhren, schält Kartoffeln, Sellerie und Zwiebeln, ich helfe beim Kleinschneiden. Sie entzündet die Gasflamme, stellt den Topf auf den Herd und füllt das Gemüse hinein.

»Eigentlich soll man erst den Topf auf den Herd stellen und dann das Gas anmachen«, sage ich. »So spart man Energie.«

»Haben sie euch das in der Schule beigebracht?«

»Ja. Frau Steinecke hat vorgerechnet, wie viel Gas man spart. Wenn das alle machen würden, hätte man mehr Energie für die Volkswirtschaft.«

Mutti sagt nichts, öffnet den Eisschrank und holt die Brühe raus. Unser Eisschrank ist aus Holz und so groß wie eine Kommode. Die eine Hälfte besteht aus einem mit Metall ausgekleideten Fach für den Eisblock. Unter diesem Fach steht immer eine Schüssel, denn sobald das Eis beginnt abzuschmelzen, tropft das Wasser durch ein Röhrchen hinaus. Der kleine Hahn, der das Schmelzwasser aufhält, ist schon lange kaputt.

Mutti schüttet die vorbereitete Brühe in den Topf.

»Weißt du, ich finde es aber nicht unwichtig, ob ihr lebt oder nicht«, sage ich. »Ich will doch, dass ihr immer da seid.«

Meine Mutter nimmt mich in die Arme. »Natürlich sind wir da«, sagt sie. »Keiner will sterben und es soll auch keiner sterben. Wir bleiben alle zusammen.«

Sie bereitet noch einen Kuchen vor, beim Teigmachen darf ich helfen und hinterher die Schüssel auslecken.

Vati kommt von der Arbeit. Er ist ganz blass. »Jetzt ist also Krieg. Wir mussten uns auf der Arbeit die Rede anhören.«

Mutti hat sie zu Hause auch im Radio gehört. Die beiden gehen ins Wohnzimmer, ich hinterher. Mutti schaltet das Radio ein. Es dauert eine Weile, bis die Röhren warm sind und der Ton kommt.

»Hör dir das an«, sagt Mutti. »Marschmusik, fröhliches Marschieren.«

Bevor Vati etwas erwidern kann, wird die Musik ausgeblendet und ein Mann beginnt zu sprechen.

Mutti setzt sich, dann sagt sie: »Lauf mal schnell in die Küche, Bubi, und sieh nach, ob der Kuchen fertig ist. Und mach das Feuer unter dem Topf aus.«

Ich flitze in die Küche, nehme mit zwei Topflappen den Kuchen aus dem Ofen. Das darf ich sonst nicht, denn Mutti hat Angst, ich könnte mich verbrennen. Ich stelle den Herd ab, renne zurück in die Stube, will nicht verpassen, was sie reden.

»Ich hab den Kuchen rausgeholt«, sage ich.

Mutti nickt bloß dieses Nicken, wie immer, wenn sie mir nicht zuhört. Im Radio ist wieder Marschmusik. Ich soll es leiser drehen, weil sie die Musik nicht mögen. Ich finde sie ganz lustig.

Mutti sagt: »Ich hab gleich gewusst, da stimmt was nicht, als wir vorgestern Lebensmittelkarten abholen mussten. Es gab nur eine Zeit, in der Lebensmittel rationiert waren, und das war die Kriegszeit.« Sie geht in die Küche. »Bubi«, ruft sie, »was hast du denn angerichtet, sieh dir das an.«

Die Abtropfschüssel unter dem Eisschrank ist übergelaufen, kleine Pfützen haben sich auf den Dielen gebildet und versickern in den Ritzen. Ich habe den heißen Kuchen auf den Eisschrank gestellt, das Eis ist geschmolzen.

Mutti stellt den Kuchen auf das Fensterbrett, leert die Schüssel aus, beginnt schimpfend zu wischen. Wir sehen ins Eisfach. Vom Eisblock ist nur noch die Hälfte übrig. Er ist gerade drei Tage alt und der Eismann kommt erst nächste Woche wieder. Mutti ist ziemlich durcheinander. Sie nimmt die Streichhölzer, legt sie auf den Tisch, dann holt sie ein Messer und schneidet den Kuchen an. Dabei sagt sie immer, heißen Kuchen schneidet man nicht an, und das Messer hat sie eigentlich genommen um Brot für die Suppe abzuschneiden. Dann fallen ihr die Streichhölzer wieder ein, sie zündet das Feuer unter dem Suppentopf an.

Im Radio gibt es Küchentipps, wie man sparsam kocht. Ab heute müssen wir verdunkeln.

In der Schule reden wir nur noch über den Krieg. Wir fachsimpeln über die beste Verdunklung. Jetzt muss man abends Decken vor alle Fenster hängen, kein Licht darf nach draußen dringen, damit feindliche Flugzeuge nicht erkennen können, wo die Häuser stehen.

Gerhard sagt: »Wir haben Kartons auseinander genommen und zurechtgeschnitten, die Pappen klemmen wir abends einfach vor die Fenster.«

Günters Eltern haben nur doppelte Lagen Zeitungspapier.

»Ist das mühsam«, sagt Erich. »So viele Zeitungen könnt ihr ja nicht lesen, wie ihr alle paar Tage braucht, wenn welche kaputtgehen.«

»Ach, bis Weihnachten ist alles vorbei«, ruft Günter lachend.

»Meine Mutter meint, ein Krieg dauert«, sage ich. »Deshalb hat mein Vater einen Holzrahmen gebaut und meine Mutter hat schwarze Rollos aus festem Stoff genäht. Das ganze Wochenende haben wir dran gebastelt. Dann hat mein Vater gesagt: ›Das hält die nächsten zehn Jahre‹, und sie haben sich gestritten.«

Keiner will mehr von der Verdunklung zu Hause erzählen, denn keine ist so gut wie unsere. Und schon ein paar Wochen später haben die meisten es satt, jeden Abend dicke Decken mit Reißnägeln anzubringen. Die Fensterrahmen sind schon voller Löcher, keiner hat mehr Lust, dauernd das Zeitungspapier und die Pappe zurechtzuschneiden. Jungen und Mädchen von der Hitlerjugend suchen in den Straßen nach Licht und kommen klingeln, wenn sie einen Lichtstrahl entdecken. Keiner will mehr an den Verdunklungen rumzupfen, es wird Winter und die Nächte werden immer länger. Im November haben die meisten in meiner Klasse auch schwarze Rollos.

In der Woche nach Kriegsbeginn kommt das Fuhrwerk mit dem Eis, gezogen von zwei Pferden. Ich spiele gerade mit Helmut und den anderen Kindern auf der Straße. Der Eismann bimmelt mit seiner Glocke. In allen Häusern öffnen sich die Fenster, Frauen sehen hinaus. Mutti wirft mir ein in Stoff gewickeltes Geldstück runter. Helmut und ich stellen uns am Eiswagen an. Es ist streng verboten, vorn zu stehen und mit den Tüchern rumzufuchteln, damit die Pferde nicht nervös werden. Es sind stämmige Kaltblüter mit dicht befellten Beinen und Scheuklappen an den Augen. Ich lasse mein Tuch unauffällig neben dem Pferd fallen. Dann nehme ich es mit einem Schwung hoch, doch diesmal lassen die Pferde sich nicht kirre machen. Sie schütteln nur die Köpfe. An Glückstagen rucken sie erschreckt einen Schritt vor. Wer lacht, muss dem Eismann mit bloßen Händen helfen die Eisblöcke einzuwickeln oder in die mitgebrachten Eimer zu legen. Aber nur kurz, dann darf man zur Strafe auf dem Kutschbock sitzen. Jeder will die Pferde scheu machen und bestraft werden.

Der Eismann ritzt die langen Eisblöcke mit einem Meißel in der Mitte, schlägt dann mit einem Hammer auf den Meißel und bricht sie durch. Die Kinder stürzen hin und schnappen sich die abgesplitterten Eisstückchen. Ich lutsche auch an einem Stück. Man muss aufpassen, dass es nicht an die Zähne kommt, denn die Kälte tut weh. Einmal hat mir Ilse einen Eissplitter ins Hemd gesteckt. Er ist den Rücken runtergeflutscht bis in die Hose, das Wasser ist aus den Hosenbeinen getropft. Alle haben gelacht. Ich bin hinter Ilse hergerannt, aber als ich sie im Hauseingang endlich erwischt habe, war das Eis in meiner Hand längst geschmolzen.

Da hat sie meinen Kopf festgehalten und gesagt: »Küss mich.«

Sie hat die Augen geschlossen und gewartet. Ich sollte sie auf den Mund küssen. »Fester«, hat sie gesagt und ich hab sie ganz fest geküsst.

Ich kaufe einen kleinen Eisblock. Für die größeren Eisschränke gibt es auch längere. Aber der kleine ist schon schwer, besonders weil wir auf der ersten Treppe schon so kalte Finger haben, dass wir eine Pause machen und unsere Hände reiben müssen. Ich stecke sie in die Hosentaschen. Da fühle ich noch zwei Münzen und habe eine Idee.

»Warte mal, Helmut«, sage ich, renne auf die Straße und kaufe noch einen Eisblock. Der Eismann wickelt ihn mir in Zeitungspapier ein, ich nehme ihn in den Arm und renne wieder ins Haus. Jeder tragen wir einen Eisblock hinauf.

Die Wohnungstür steht offen. Meine Mutter kommt uns entgegen. »Was denn, habt ihr zwei gekauft? So ein Quatsch. Wo sollen wir denn den anderen hintun? Der schmilzt uns doch im Nu weg, Bubi.«

»Ich dachte, wenn uns noch mal so was passiert wie mit dem Kuchen, dann haben wir einen Eisblock als Vorrat.«

Mutti lacht. Sie legt einen Block in das Eisfach, diesmal passt er genau. Manchmal muss sie das Eis auch zerschlagen und dann einfüllen. Der andere Block liegt im Waschbecken. Mutti öffnet schnell das Fenster, ruft: »Warten Sie bitte noch!«, und läuft mit dem Eisblock hinunter, wir hinterher.

Der Eismann nimmt ihn zurück, legt ihn in seinen Kastenwagen, schließt die dicke Tür, gibt das Geld zurück, setzt sich auf den Kutschbock, treibt die Pferde an und winkt uns.

Mutti gibt uns zwei Groschen für Lutscher.

Da, wo der Eiswagen stand, sind viele winzige Pfützen.

Werner und Erich reden in der Schule nur noch über Panzer. Erichs Vater ist Panzergrenadier. Er hat eine schwarze Uniform, am Kragen Totenköpfe, an der Feldmütze einen Adler auf dem Hakenkreuz. Erich weiß alles über Panzer. Sein Vater fährt einen P-III-Panzer.

Werner fragt: »Mit was für einer Kanone?«

»Mit einer 5-cm-Kampfwagenkanone.«

Werner will die PS, die Stundenkilometer, das Gewicht wissen. Erich weiß alles. Er ist mächtig stolz. Am liebsten würde er jetzt schon Soldat werden. Auch Werner, Hartmut, Gerhard, fast alle. Ich nicht. Ich will kein Krüppel werden wie mein Onkel Guntram. Der hat ein Holzbein und drei Ersatzbeine stehen im Keller. Wenn wir zu Besuch dort sind, sitzt er manchmal in einer Ecke auf dem Sofa und stöhnt sehr leise. Er versucht sich zu beherrschen, aber er schafft es nicht. Ich sehe, wie er die Zähne aufeinander beißt, die tiefe senkrechte Falte auf der Stirn, die Schweißperlen. Ich hab Tante Erna mal gefragt, so dass Onkel Guntram uns nicht hören konnte: »Was hat denn Onkel Guntram?«

»Sein Bein tut ihm weh.«

»Aber das ist doch nicht verletzt.«

»Nein, das andere.«

»Aber das ist doch ab.«

»Trotzdem hat er Schmerzen«, hat sie gesagt. »Es fühlt sich so an, als hätte er das Bein noch. Die Nerven sind ja noch da. Sie sind durchgetrennt und gequetscht worden, als der Panzer drübergefahren ist. Und das tut ihm immer noch weh. Das heißt Phantomschmerz. Das sind Schmerzen in einem Körperteil, den man nicht mehr hat.«

Ich habe gesagt: »Der Körper hat Sehnsucht nach dem Bein. Das tut ihm weh.«

Tante Erna hat mir über den Kopf gestreichelt.

Hartmuts Vater ist bei der SA. Er ist noch da. Hartmut poliert ihm jede Woche die Stiefel und kriegt dafür fünfzig Pfennig. Er hofft, dass der Krieg noch lange dauert. »Spätestens in zehn Jahren müssen sie uns nehmen.«

Ich will, dass der Krieg schnell vorbeigeht, damit meine Eltern abends wieder mit mir spielen und nicht nur am Radio hocken.

Hans' Vater ist in Polen. Manchmal singen wir: *»Ein Fähnrich zog zum Kriege, viedebums vallera juchheirassa, ein Fähnrich zog zum Kriege, wer weiß, kehrt er zurück, wer weiß, kehrt er zurück!«*

Dann ist Hans blass. Sein Vater und Erichs waren als Erste weg und es ist bisher keine Nachricht von Hans' Vater gekommen. Von Erichs schon. Daher weiß er ja alles über Panzer. Erich und Hans sind in der Schule nun die tapferen Söhne von Frontsoldaten. Aber Hans ist nur traurig, nicht stolz. Jetzt ist er was Besonderes in der Klasse, alle sind nett zu ihm. Es kann ja sein, dass sein Vater niemals wiederkommt, dass er stirbt. Oder schon tot ist. Die meisten in der Klasse haben ihre Väter noch zu Hause. Meinen behalte ich. Er ist u.k. Das heißt unabkömmlich. Er hat gesagt, das liegt daran, dass die anderen Arbeiter in seiner Fabrik, bei den Leuna-Werken, die Maschinen nicht so gut kennen wie er. Und die Sachen, die dort hergestellt werden, Chemikalien, braucht man für den Krieg. Deshalb muss er dableiben.

Bei uns zu Hause ist eigentlich alles genauso wie vor dem Krieg. Abends kocht meine Mutter, nachmittags muss ich meine Aufgaben machen und mittwochs und samstags wird gebadet.

Onkel Peter besucht uns oft. Ich mag ihn gern, denn er spielt immer mit mir. Er kann gut malen. Mit meinen Buntstiften malt er mir alle Tiere, die ich ihm sage. Dann schneide ich sie aus: eine Katze, einen kleinen Hund, einen großen Hund, einen Elefanten und sogar eine Sitatunga. Für die Tiere malt Onkel Peter noch ein großes Haus.

Manchmal kommen auch andere Leute zu Besuch. Dann darf ich nicht im Wohnzimmer bleiben. Sie reden die ganze Zeit. Mein Vater sagt, das sind Sportbesprechungen vom Verein für den Aufbau vom Wackerplatz. Damit haben meine Eltern immer zu tun. Der Sportverein sammelt Geld um den Sportplatz auszubauen.

Ich darf nie zuhören, wenn sie darüber sprechen.

Der Sohn des Blockwarts steht vor der Tür. Ich soll nicht mit ihm reden, weil meine Eltern mit niemandem gern zu tun haben, der von der Hitler-Partei ist. Das habe ich längst mitgekriegt. Heute wird fürs Winterhilfswerk gesammelt. Es ist Eintopfsonntag. Im Winter stehen an jedem ersten Sonntag im Monat der Blockwart oder sein Sohn vor der Tür und wollen Geld. Meine Eltern haben mir streng verboten jemanden in die Wohnung zu lassen. Niemand soll bei uns rumschnüffeln. Ich glaube, keiner soll sehen, dass kein Hitlerbild in unserer Wohnung hängt.

Der Junge wartet. Auf seiner Büchse steht: *Eintopfsonntag! Das Opferessen des Reiches.*

An diesen Sonntagen sollen alle Eintopf essen, möglichst ohne Fleisch. Und die Geldsumme, die man gespart hat, soll man spenden. Auch bei uns gibt's jeden ersten Sonntag im Monat Eintopf.

Ich rufe meinen Vater. Er wirft zwanzig Pfennig in die Büchse. Der Junge schreibt den Betrag in eine Liste, sagt »Heil Hitler!« und klingelt an der Tür gegenüber.

Meine Mutter hat mir eingeschärft mich nicht vom Blockwart oder seiner Familie ausfragen zu lassen.

»Wenn der irgendeine Frage stellt, dann sagst du, das weiß ich nicht, das müssen Sie meine Mutter fragen. Egal, was für eine Frage es ist.«

Wenn Mutti mit jemandem spricht und dabei eine Hand in die Hüfte stemmt, weiß ich gleich, den mag sie nicht, mit dem rede ich lieber nicht.

Kaum ist der Sohn weg, da klingelt es und der Blockwart steht selbst vor der Tür. Er will am liebsten gleich vorbei in die Wohnung, aber er kann mich ja nicht wegschieben. Diesmal rufe ich: »Mutti, Herr Träger ist da!«

Sie kommt in den Flur.

Herr Träger drängelt sich an mir vorbei. »Ich darf doch eintreten.«

Er wedelt mit einem Haufen Papier und will gleich weiter in die Stube. Aber meine Mutter weicht keinen Schritt und lenkt ihn in die Küche um.

»Wissen Sie«, sagt Herr Träger, »ich will Sie nicht stören, aber leider muss es sein, es dauert auch nicht lange. Ich muss für jeden Haushalt diesen Fragebogen ausfüllen. Anweisung von oben.« Er schiebt die Schale mit den Nüssen zur Seite und macht sich auf dem Küchentisch breit mit seinen Papieren und Ellenbogen. »Dann wollen wir mal. Also, zu Ihrem Haushalt gehören drei? Nur drei Personen?«

Mutti nickt. Er kritzelt eine Drei in ein Kästchen.

»Haushaltsvorstand ist Heinrichs, Wilhelm, nicht wahr?«

»Füllen Sie man in Ruhe aus, Sie wissen das meiste ja selbst«, sagt Mutti und steht auf. »Und lassen Sie sich nicht stören, ich bin grad beim Geschirrspülen.« Sie beginnt mit den Tellern zu klappern.

»Ihr Geburtsname?«

»Dietrich.«

»Der Name des Jungen. Ihres ...«

Mutti unterbricht laut und bittet mich die schmutzigen Teller aus der Stube zu holen. Vati sitzt dort und hält mich auf. Er zeigt mir Kohlenklau in der Zeitung. Ich bin ungeduldig, frage nicht, wer das ist, ich will doch wissen, was sie in der Küche reden.

Als ich zurückkomme, fragt Herr Träger gerade: »Religion?«

»Katholisch.«

»Wie viele Zimmer? Sie haben drei, nicht wahr?«

Mutti nickt und folgt Herrn Träger, der mit den Papieren aufgestanden ist, zum Kinderzimmer. Im Türrahmen bleibt er stehen, ich stelle mich neben ihn, er soll nicht hinein, soll meine Spielsachen nicht so neugierig beglotzen. Was macht der Mann, den meine Mutter nicht leiden kann, überhaupt in unserer Wohnung?

Mein Vater tritt leise neben ihn. Herr Träger erschrickt.

»Ach, Sie sind auch da.«

Vati lächelt. »Ja, wie Sie sehen, ist das hier das Kinderzimmer. Kommen Sie, ich zeig Ihnen die Wohnung.«

Vati ist so freundlich, dieses Lächeln habe ich noch nie gesehen. Er legt sogar die Hand auf Herrn Trägers Schulter.

»Hier entlang, bitte. Das da ist die Besenkammer, daneben das Bad. Kommen Sie. Hier ist das Schlafzimmer.« Er öffnet die Tür, die Hand liegt immer noch auf Herrn Trägers Schulter, als wolle er ihn hineinschieben. »Und hier ist das Wohnzimmer. Treten Sie ruhig ein, nehmen Sie Platz.«

Meine Eltern setzen sich zu ihm.

»Da haben Sie aber viel Arbeit«, sagt Vati.

Mutti sieht viel finsterer aus als der lächelnde Vati. Herr Träger reibt sich die Hände, nickt, sieht sich neugierig um. Am Bücherschrank bleibt sein Blick hängen, aber da steht nur die große Lexikareihe. Dass dahinter noch Bücher sind, sieht man nicht. Ich weiß aber, dass verbotene Bücher dabei sind. Meine Eltern haben darüber geredet. Sie denken immer, ich versteh nichts. Ich weiß nur eins: Ich muss genau zuhören, wenn sie was besprechen, denn sie erklären mir nichts.

Mutti sagt: »Haben Sie noch Fragen, Herr Träger?«

»Ja. Ich muss ausfüllen, wo Sie arbeiten, Herr Heinrichs.«

»Bei den Leuna-Werken als Maschineneinrichter.«

»Dann sind Sie wahrscheinlich u.k.?«

»Jawoll, Herr Träger. Es ist mir nicht erlaubt, ins Feld der Ehre zu ziehen.«

Herr Träger will grinsen, aber er ist verwirrt, er schaut meinen Vater mit großen Augen an, so als ob er versuche sich nichts entgehen zu lassen. Aber Vati lächelt bloß freundlich. Also sammelt der Blockwart seine Papiere ein und geht gemächlich zur Tür.

»Ja«, sagt meine Mutter seufzend, »uns ist trotz der schweren Zeiten ein glückliches Familienleben vergönnt.«

Herr Träger bekommt feuchte Augen, verabschiedet sich und folgt dem Weg seines Sohnes: Er klingelt gegenüber an der Tür der alten Frau Meiß.

Vati atmet auf, als die Tür zu ist. Er lässt sich in den Sessel fallen und äfft lachend Mutti nach. »Uns ist ein glückliches Familienleben vergönnt . . . Das hast du schön gesagt.«

»Dieser verdammte Schnüffler«, sagt sie.

»Und mir tut mein Gesicht vom Grinsen weh.«

»Ich verstehe gar nicht, weshalb der Herr Träger uns was Böses will. Wir haben ihm doch nichts getan.«

»Er will uns nichts Böses«, sagt Mutti. »Aber es kann ja mal passieren, dass wir uns mit ihm streiten, dann soll er nichts von uns wissen. Er könnte uns anschwärzen und dann bekommen wir Probleme.«

Ich weiß, es ist ganz leicht, jemandem Schwierigkeiten zu machen. Es ist streng verboten, ausländische Radiosender zu hören, seitdem Krieg ist. Das sind jetzt Feindsender. Man braucht bloß dem Blockwart oder der Polizei zu erzählen, bei einem Nachbarn habe man was Englisches gehört, schon steht ein Beamter vor der Tür und der Nachbar wird verhört oder sogar mitgenommen. So war es bei Günter. Seine Mutter hatte Streit mit einer Nachbarin. Sie standen um Kohlen an. Und da die Kohlen so knapp sind, ist es wichtig, an welcher Stelle in der Schlange man steht. Es kann nämlich passieren, dass die Kohlen schon alle sind, wenn man an die Reihe kommt. Und dann hockt man mit Pullovern und zwei Paar Wollsocken im unbeheizten Zimmer und muss frieren und auf die nächste Kohlenlieferung warten. Die Nachbarin hat sich einfach vor Günters Mutter in die Schlange eingereiht anstatt sich hinten anzustellen. Da hat Günters Mutter gesagt: »So geht es aber nicht.«

Alle Frauen schimpften und die Nachbarin musste sich hinten anstellen. Da wollte sie es Günters Mutter heimzahlen, ihr eins auswischen. Sie hat gemeldet, Günters Eltern hörten Feindsender. Erst kam der Blockwart um mit

Günters Vater über das Radio zu sprechen. Da wusste die Mutter gleich: Jetzt ist was schief gegangen. Ein paar Tage später wurde der Vater eingezogen, an die Front nach Frankreich. Günter, seine Geschwister und die Mutter haben ihn zum Zug gebracht und geweint. Danach sind sie bei uns gewesen. Muttis Freundin Veronika war gerade da. Günters Mutter hat den beiden die ganze Geschichte erzählt. Sie dachten, Günter und ich wären im Kinderzimmer, aber natürlich haben wir an der Tür gelauscht.

Überall wird jetzt für das Winterhilfswerk gesammelt. Wer spendet, bekommt ein Abzeichen dafür. In diesem Jahr gibt's aus Holz geschnitzte Märchenfiguren: Hans im Glück, Dornröschen und andere. Die Kinder rufen auf der Straße Verkaufssprüche: *»Frau Holle bittet um warme Wolle. – Hans im Glück! Nur noch drei Stück. – Wer will Dornröschen vom Schlafe wecken, muss zwei Groschen in die Büchse stecken.«* Es gab auch mal kleine Broschen aus Ton mit den Figuren von Wilhelm Busch, ich habe noch die Witwe Bolte und Max und Moritz. Es ist gut, ein Abzeichen zu haben. Wenn Mutti in die Stadt geht, zeigt sie es vor, damit jeder sieht, sie hat schon gespendet, denn an fast jeder Ecke stehen Jungen von der Hitlerjugend, der HJ. Oder Mädchen vom BDM, dem Bund Deutscher Mädel, klappern mit den Sammelbüchsen, rufen: »Einen Groschen. Einen Groschen für das Winterhilfswerk«, und stellen sich einem in den Weg.

Wenn man wirklich nur einen Groschen gibt, werden sie aber ganz schön böse. »Mehr haben Sie wohl nicht für unsere Volksgenossen übrig«, sagen sie dann.

Ich bin mit meiner Mutter in der Stadt. Ein Mädchen in Uniform kommt büchsenklappernd, will eine Spende.

Mutti sagt: »Ich hab diesen Winter schon was gegeben.«

Das Mädchen zieht böse die Augenbrauen zusammen und schimpft: »Sie denken wohl, mit einmal spenden haben Sie sich freigekauft von der Sorge um die Bedürftigen der Volksgemeinschaft.«

Mutti nimmt mich an der Hand und zieht mich fort.

»Warum hast du denn nichts gegeben?«

Sie legt den Zeigefinger auf den Mund. Ich weiß schon, wieder so was, worüber man nicht auf der Straße sprechen darf, wenn andere mithören könnten. Zu Hause sagt sie auch nichts mehr davon.

Am nächsten Tag in der Schule hat Frau Steinecke Pfundtüten für uns. Wir müssen von der Tafel abschreiben: *Die Pfundtüte.*

Auf unserer Tüte lesen wir: *Wer schnell gibt,*

gibt doppelt! Opfert zur Pfundsammlung des Winterhilfswerks für das deutsche Volk!

Wir sollen die Tüten mit nach Hause nehmen und gefüllt zurückbringen.

Meine Mutter sitzt an der Nähmaschine und ist stinkwütend. »Wo sie nur können, versuchen sie uns was abzuzwacken. Nach Strich und Faden werden wir geschröpft. Deshalb wollte ich neulich dem Mädchen nichts geben. Ich arbeite und zahle Steuern, das reicht noch nicht, hier noch eine freiwillige Spende, da noch eine freiwillige Spende. Und wehe, du gibst nichts.

Opfert – ich könnte kotzen, wenn ich das nur höre. Von wegen für die Bedürftigen, wir sollen das Opfern üben, Opfer bringen lernen. Und die Soldaten ernähren.«

Ich wundere mich, sie spricht sonst nicht so laut über so was und schon gar nicht mit mir.

»Aber tust du mir nun was rein?«

»Sand sollte man hineinfüllen! Sägespäne! Stoffreste!« Sie näht in rasendem Tempo eine Naht. Ich hab Angst um ihre Finger.

»Bitte, Mutti, sonst bin ich der Einzige, der die Tüte nicht wieder mitbringt.«

Sie legt den Stoff beiseite und geht mit mir in die Küche. Müde sieht sie aus. In die Tüte füllt sie ein Pfund Haferflocken, knifft sie zu, gibt sie mir.

Am Morgen geben die Kinder aller Klassen ihre Tüten ab. Die Lebensmittel werden auf ein großes Auto geladen und fortgefahren. Ich traue mich nicht zu fragen wohin.

Weihnachten bin ich ganz besonders froh, dass Vati u.k. ist. U.k.-Kind zu sein, darauf kann man nicht so stolz sein, aber ich finde es viel besser. Zu Hause ist man Heimatfront, weil man zu Hause dafür kämpft, dass Deutschland den Krieg gewinnt. Wenn man zum Beispiel einem unbekannten Soldaten einen Brief schreibt, dann kann man ihm das Gefühl geben, dass er für uns kämpft und dass wir hinter ihm stehen. Frau Steinecke hat uns das erklärt.

Mein Vater sagt: »Erzähl nicht so einen Blödsinn. Für dich kämpft niemand. Die sterben da; wenn sie Glück haben, kommen sie auch wieder. Fragt sich bloß, wann.«

»Aber unsere Lehrerin hat gesagt, wenn wir nicht wie ein Mann hinter ihnen stehen, könnten sie vor lauter Anstrengung vergessen, wofür sie an der Front sind.«

»Wenn sie es nur vergessen würden«, brummt Vati. »Dann wär's schneller vorbei.«

Mutti will nicht, dass Vati so mit mir redet. Sie will mich zum Keksebacken holen. Aber ich will ja, dass Vati mir endlich mal was erklärt.

Doch er sagt nur noch: »Fest des Friedens, dass ich nicht lache.«

Dann kommt er mit in die Küche um Kekse auszustechen. Alle Leute haben für die Feiertage eine Sonderzuteilung Zucker und Butter bekommen.

Günter, Werner, Erich, Hans und noch andere aus meiner Klasse wissen gar nicht, was sie zu Weihnachten machen sollen. Sie können doch nicht nur traurig rumsitzen. Vielleicht ist jetzt sogar Erich traurig. Ich könnte auch nicht singen: »Stille Nacht, heilige Nacht...«, als wär nichts.

Marianne schreibt an unbekannte Soldaten. Sie hat gesagt, sie schreibt wirklich jede Woche einen neuen Brief. Einmal hat sie sogar Antwort gekriegt. Im Umschlag sei ein Bonbon gewesen. Gesehen habe ich ihn aber nicht.

1940

Hans' Vater ist tot. Seit einer Woche hat Hans rote Augen. Die anderen freuen sich über die Siege: Die Wehrmacht hat Polen, die Tschechoslowakei, Dänemark, Norwegen, Holland, Belgien und einen Teil von Frankreich besetzt. Die meisten Länder haben aufgegeben zu kämpfen. In unserer Klasse hängt eine Europakarte voll mit Stecknadeln. Jeden Morgen fragt Frau Steinecke, was es Neues gibt. Die Stecknadeln sind durch einen braunen Wollfaden verbunden. Als die Wehrmacht Dänemark besetzt hat, musste Frau Steinecke den Wollfaden das erste Mal verlängern. Die Wolllinie markiert die Front: Frau Steinecke sagt, wir sollten immer daran erinnert werden, wo die Soldaten gerade kämpfen.

Wir müssen jeden Tag Radio hören. Frau Steinecke fragt ab. Heute ist Erich dran. Er berichtet, wie die Sturzkampfflieger und die Messerschmitt-Maschinen die Themse entlang bis nach London fliegen.

Dann will er London suchen und die Stecknadeln umstecken, aber Frau Steinecke hält ihn zurück.

»So weit ist es noch nicht, die Front ist über der Nordsee, da spielt sich alles ab, da siegen unsere Helden der Luft«, sagt sie. »Wenn unser Führer mit unser aller Hilfe die letzten Feinde Deutschlands besiegt hat, gibt es auf ewig Frieden. Denn wir alle wollen ja den uns aufgezwungenen Krieg nicht.«

Hartmut und Werner nicken heimlich, formen lautlos »doch« mit ihren Lippen, »doch, wir schon.«

Hans ist alles egal. Er sagt nichts mehr im Unterricht. Um seinen Hals hängt ein Brustbeutel, da ist der Brief an seine Mutter drin. Den hat er heimlich abgeschrieben. Neulich auf dem Nachhauseweg hat er mich den Brief lesen lassen. Ich konnte ihn aber nicht so schnell entziffern, weil viele schwere Wörter drin sind. Deshalb hat er ihn mir vorgelesen. Aber er hat nicht auf das Papier geguckt. Er kann alles auswendig:

»Im Felde, den 5. Juni 1940

Sehr geehrte Frau Ellner,

als Kp.-Chef Ihres Mannes, des Obergefreiten Johannes Ellner, muss ich Ihnen die traurige Nachricht übermitteln, dass Ihren lieben Mann getreu seinem Soldateneide auf dem Felde der Ehre für Führer und Volk, für Deutschlands

Größe und Zukunft am 25. 5. 1940 bei der Eroberung der Stadt Dünkirchen im Wald von Eperlecques an der Aa der Heldentod ereilte.

Er fiel als tapferer Soldat in vorderster Linie durch ein Infanteriegeschoss. Er war sofort tot und hatte keinerlei Schmerzen mehr. Das Gesicht des toten Helden war keineswegs entstellt, sondern hatte einen zufriedenen, ja glücklichen Ausdruck angenommen. Wir haben ihn mit einigen Kameraden der Kompanie der Erde übergeben, um die er gekämpft hat und die durch sein Blut heilig und deutsch geworden ist. Auf seinem Heldengrab liegt sein Stahlhelm und ein großes hölzernes Kreuz in Form des Eisernen Kreuzes trägt weithin leuchtend seinen Namen. Das Grab liegt im Ort Eperlecques. Ich grüße Sie mit von Herzen kommender Anteilnahme. Heil Hitler!

Ihr H. Nant (Oberleutnant)«

Frau Steinecke ist sehr freundlich zu Hans, sie ruft ihn nicht auf, wenn er aus dem Fenster starrt, obwohl sie genau sieht, dass er nicht aufpasst. Den anderen ist die Lust vergangen, über Panzer zu reden. In den Pausen spielen sie lieber wie vorher. Bei uns sind gerade Jo-Jos in Mode. Jeder hat eins, nur Hans nicht. Sogar Hartmut hat versucht Hans sein Jo-Jo zu schenken, aber Hans wollte nicht.

Im Sommer spielt Hans wieder. Seitdem er mir den Brief gezeigt hat, kommt er manchmal in unsere Straße. Marianne darf nicht mehr mit uns spielen. Ilse, Helmut und ich sind meistens unten. Ilse kann so lachen, dass mir warm wird. Ich will dann, dass die Zeit stehen bleibt. Ilse hat lange braune Locken und lässt mich immer von ihrem Apfel abbeißen. Aber nur, wenn sie ihn selber halten darf. Manchmal nimmt sie meine Hand und legt sie sich in den Nacken. Da soll ich sie liegen lassen.

»Die Katzen«, sagt sie, »werden auch am liebsten da gekrault.«

Ilse will Einkaufen spielen, also tun wir das. Ich soll der Händler sein, Hans und Helmut müssen Schlange stehen. In der Hand hält Ilse Blätter von den Büschen. Das sind Lebensmittelmarken.

»Ich möchte bitte Nudeln für meine Marken.«

»Nudeln sind leider aus.«

»Was haben Sie denn?«

»An Nährmitteln? Nur Graupen.«

»Igitt.«

Ich packe ihr Graupen ein.

»Ich muss Sie enttäuschen, Seife haben wir schon seit zehn Tagen nicht mehr.«

»Jaja, Papier ist geduldig. Hier steht Seife drauf, da will ich Seife für haben, aber nichts ist.«

Hans drängelt und ruft: »Nun quatschen Sie mal nicht, wir wollen hier nicht alt werden.«

Aber Ilse ist mit Einkaufen fertig, jetzt hat sie keine Lust mehr zu diesem Spiel. Sie will hüpfen. Wir spielen Himmel und Hölle. Ich bin nach Helmut dran. Eine Frau läuft vorbei und schubst mich um. »Diese Elemente müssen aus dem Weg gehen, wenn eine Deutsche kommt«, krächzt sie.

Ich weine. Meine Knie sind aufgeschlagen.

Ilse nimmt mich in den Arm und tröstet mich.

Dann soll Hans der General sein und uns zur Sau machen. Aber er kann nicht so gemein schreien. Unsere Stimmung ist sowieso hin.

»Was ist ein Element?«, fragt Helmut.

Keiner weiß es.

Ein paar Jungen aus meiner Klasse spielen mit Murmeln. Ich sehe in meiner Hosentasche nach. Da sind drei gelbe Tonmurmeln und eine rote.

»Darf ich mitmachen?«, frage ich.

Hans nickt. Da steht ein anderer Junge auf, sammelt seine Murmeln aus dem Spiel und sagt überlaut: »Ich spiel nicht mehr.« Er blickt mich mit gerümpfter Nase an und geht.

Die anderen schauen ihm nach, dann sehen sie mich an, dann spielen wir. Ich gewinne eine Glasmurmel von Werner. Er nimmt sie aus der Mulde und will sie heimlich in seine Hosentasche stecken.

»Gib her, die hab ich gewonnen!«, rufe ich.

»Halt's Maul, du Stinker. Die hab ich gewonnen.«

Gerhard greift ein. »Die musst du Bubi geben. Er hat sie mit seiner ins Loch geschossen.«

Werner schüttelt grinsend den Kopf.

»Dann hau ab, du Schummler. Mit dir spielen wir nicht mehr«, ruft Gerhard.

»Ihr werdet schon noch mit mir spielen.«

Er lässt die Murmel in den Staub fallen und schlendert fort. Vielleicht hätte ich nichts sagen sollen. Keiner von uns verliert gerne Glasmurmeln.

Wir nehmen in der Schule den Weltkrieg durch. Die Jahreszahl 1914 müssen wir uns merken, da hat der Krieg angefangen. Heute sprechen wir über Langemarck. Das ist ein Ort in Belgien. Eigentlich kommt das in unserem Alter noch nicht dran, aber zur Zeit haben alle Klassen Langemarck, weil unsere Schule dieses Jahr den Langemarcktag am 23. Oktober groß feiern will. Damals hatten die Engländer Langemarck erobert und die Deutschen wollten das Dorf auch haben.

Frau Steinecke sagt: »Unser Führer war damals in Belgien als unbekannter Soldat mit dabei. Zwar nicht in Langemarck, aber in der Nähe. Wer weiß was darüber?«

Werner meldet sich sofort und wird aufgerufen. »Als Adolf Hitler klein war, hat er am liebsten mit Soldaten Krieg gespielt. Er war immer der Anführer von den Kindern und hat alles bestimmt. Sie haben gespielt, die Deutschen kämpfen gegen die Franzosen, und die Deutschen haben immer gewonnen, weil die größeren Jungs auf ihrer Seite mitgemacht haben.«

»Ja«, sagt Frau Steinecke und nimmt Gerhard dran.

»Adolf Hitler wollte immer weiterkämpfen im Krieg. Er hat nie Urlaub genommen.«

Frau Steinecke nickt. Sie schlägt ein Buch auf und liest vor: *»Er gehörte zu den Allermutigsten, die die gefährlichsten Aufgaben vollbrachten. Einmal nahm er mit einem einzigen Kameraden zwölf Franzosen gefangen. Denkt mal, zwei gegen zwölf! Das war tüchtig. Dafür hat er eine Auszeichnung bekommen, das Eiserne Kreuz erster Klasse.«*

Sie klappt das Buch zu, legt es auf den Tisch und sagt: »Zurück zu Langemarck. Dort kämpften Studenten, Schüler, Jungarbeiter und Lehrlinge, die sich freiwillig gemeldet hatten um in den Krieg zu ziehen. Sie wurden ›Kinderregimenter‹ genannt.«

»Haben sie sich gefreut, dass Krieg ist?«, fragt Hans.

Ich will auch etwas fragen. »Wo sind denn die Einwohner von Langemarck hingegangen, ihr Dorf ist ja verbrannt?«

Frau Steinecke reibt sich mit dem Zeigefinger das Kinn. »Ich gehe davon aus, dass sie sich in anderen Dörfern niedergelassen haben.«

Eigentlich will ich noch wissen, ob sie woanders denn jemand aufnehmen wollte, aber Frau Steinecke nimmt Günter dran. Hans' Frage hat sie gar nicht beantwortet.

»Aber wozu mussten denn überhaupt so viele Menschen sterben?«, fragt Günter.

»Es freut mich, dass du diese Frage stellst, Günter. Ich will euch auch dazu etwas vorlesen aus einem Buch über den Langemarck-Ehrenfriedhof. Darin wird Günters Frage für alle beantwortet. Also: *›Die Sinngebung von Langemarck ist, dass wir uns selbst vergessen, dass wir uns opfern, dass wir treu sind, das ist die Botschaft der Gefallenen an die Lebenden.‹*«

Vielleicht würde ich mich auch gern opfern und ein Held werden, aber meine Eltern würden mich bestimmt nicht gehen lassen, sie wären sehr traurig, wenn ich nicht mehr da wäre.

In der nächsten Stunde haben wir Malen. Wir sollen einen Stahlhelm malen und dazu noch etwas, was wir wollen. Ich male einen Soldatenfriedhof: einen Stahlhelm auf einem Grab, dahinter ganz viele schwarze Kreuze.

Ich will lieber keinen Krieg. Ich will ganz alt werden und Enkelkinder haben, und wenn ich groß bin, möchte ich mal Tierpfleger werden im Zoo. Ich will, dass keiner Angst zu haben braucht, auch die Tiere nicht, denn im Krieg können Bomben fallen, die alles zerreißen. Mein Vater sagt, das kommt noch. Überhaupt kommt alles noch schlimmer, wir sollen uns auf was gefasst machen. Meine Mutter nickt dann und beide sehen traurig aus. Eigentlich habe ich den Krieg schon lange satt.

Der Nachmittag beginnt damit, dass meine Mutter große Töpfe auf den Herd stellt. »Komm, Bubi, baden!«

»Wieso, ist denn heute Mittwoch?«

Ich bade ja immer am Mittwoch und am Samstag und erst abends, wenn Vati schon da ist.

»Nein, heute ist nicht Mittwoch. Aber wir fahren zum Einkaufen in die Stadt.«

Während sie das sagt, gießt sie das warme Wasser in die große Zinkwanne, die mitten in der Küche auf den Dielen steht. Nach dem Bad hilft sie mir den weißen Matrosenanzug mit den blauen Rändern anzuziehen.

Mit der Straßenbahn fahren wir zum Hallmarkt. Mutti spricht den Weg über nichts. Am Hallmarkt gibt es kaum Geschäfte, was will sie dort? Lebensmittel kaufen wir immer auf dem Wochenmarkt bei uns an der Ecke und die Kleidung näht Mutti selbst, Garn gibt es auch auf dem Markt.

Vor einem großen Haus bleiben wir stehen, Mutti holt tief Luft, da habe ich so ein komisches Gefühl. Es ist ein großer Kloß im Hals, der wächst und wächst und nimmt mir die Luft. Ich kann keinen Ton mehr rausbringen. Viele Polizisten gehen ein und aus. Wenn ich Polizisten sehe, habe ich sowieso immer schon einen ganz kleinen Kloß im Hals, weil sie so streng aussehen.

Meine Mutter geht in einen Raum, ich warte draußen. Mit feuchten Augen kommt sie wieder. Auf einem langen Flur warten wir. Wenn ich nicht diesen Kloß im Hals hätte, würde ich viele Fragen stellen. Ich würde fragen: Warum sind wir hier? Worauf warten wir? Was machen die Polizisten hier? Worauf wartet der dicke Mann mit dem Hut und dem großen Ring am kleinen Finger?

Ich sitze still neben meiner Mutter, sie braucht nichts zu sagen, nicht mal: »Jetzt frag doch nicht so viel.«

Sie sagt kein einziges Wort, sie atmet nur zweimal tief ein und wieder aus. Bei jedem ihrer Seufzer wird mir schwindlig.

Eine Tür öffnet sich, ein Mann ruft uns hinein. Mutti steht sehr langsam auf, als wäre es ihr lieber gewesen noch länger zu warten. Der Mann, er heißt Herr Weber, bespricht etwas mit ihr. Aus dem Nebenzimmer kommt eine Frau. Als ich ihren weißen Kittel sehe, wird mir übel.

Sie sagt: »Zieh dich bitte mal aus, ich werde dich jetzt untersuchen.«

Ich fange an zu weinen. Angst habe ich zwar nicht vor der Frau – eher vor Mutti, die so still ist, ihre Finger so fest an die Handflächen drückt und nicht nach links, nicht nach rechts blickt.

»Ich will dich doch nur untersuchen«, sagt die Frau.

Ich schaue den Mann an, ob der mir helfen wird und sagen: »Ach, dann wird er eben nicht untersucht«, aber der sagt lächelnd: »Jungchen, ist gar nicht so schlimm.«

In der Ecke sitzt meine Mutter und weint, ich kenn sie gar nicht so. Sie schimpft nicht einmal mit mir, das hätte sie aber tun sollen anstatt über mich zu weinen, und so ziehe ich mich aus.

Die Frau holt ein Maßband aus ihrer Kitteltasche und beginnt alles an mir abzumessen. Den Bauch, die Beine, die Arme, die Schultern, den Rücken, den Kopf, sogar den Penis, die Füße, die Zehen, die Finger und die Nase. Die Zahlen sagt sie laut, der Mann notiert sie. Dann nimmt die Frau eine Schere und will mir eine Haarsträhne abschneiden.

»Nein«, sage ich. »Das will ich nicht.«

»Wir müssen das machen, damit wir deine Haarfarbe wissen.«

»Die sind schwarz. Das sieht man doch.«

Ich ducke mich. Die Frau greift einfach in mein Haar und schneidet mir eine Locke ab. Ich soll mich anziehen und im Nebenraum warten. Ich höre die drei Erwachsenen reden, verstehe aber kein Wort, obwohl ich die Ohren spitze. Dafür also habe ich an einem Dienstag baden müssen.

Der Mann kommt, führt mich zu einem riesigen schwarzen Stempelkissen. Darauf muss ich meine Finger legen. Der Mann nimmt nacheinander jeden meiner zehn Finger und macht Abdrücke. Alle meine Finger sind nun auf seinem Papier.

»So, fertig«, sagt er.

»Kann ich das noch mal ausprobieren?« Es hat mir Spaß gemacht. Aber er schüttelt nur den Kopf.

»Warum wollen Sie denn die Abdrücke von meinen Fingern?«

»Das machen wir mit jedem Kind.«

»Wirklich? Mit allen Kindern?«

»Ja, mit allen, die hierher kommen.«

»Kommen die aus meiner Klasse auch noch dran?«

»Vielleicht.«

Wir gehen zu meiner Mutter. Sie sieht mich mit gerunzelter Stirn an. Da bemerke ich erst, dass ich lauter schwarze Finger auf meinem weißen Anzug habe. Ich habe mir die Finger einfach am Bauch abgewischt.

Wir sind fertig auf dem Amt. Ich muss Mutti versprechen niemandem zu erzählen, wo ich heute war. Ich frage: »Wofür brauchen sie die Zahlen?«

»Mach dir keine Sorgen.«

»Wieso soll ich mir denn Sorgen machen? Warum haben sie mich abgemessen?«

Sie sagt nichts.

»Machst du dir Sorgen?«

Vorsichtig presst sie heraus: »Ja . . .«

Mehr nicht. Ich frage nicht weiter. Ich habe das Gefühl, dass es viele Dinge gibt, die ich nicht weiß. Zum ersten Mal habe ich eine Ahnung davon, dass es vielleicht besser ist, wenn ich manches nicht weiß. Die Antworten, die ich bekomme, wenn ich überhaupt welche bekomme, verstehe ich meistens nicht.

Einmal habe ich gefragt: »Was ist eigentlich ein Jude?«

»Ein Mensch«, hat meine Mutter geantwortet. Mit der Antwort konnte ich gar nichts anfangen.

»Aber was für einer?«

»Ein normaler.«

Mehr habe ich nicht rausgekriegt.

Auf dem Rückweg sehe ich Bimbo bei Gummi-Bieder in der Großen Steinstraße, dem größten Spielzeuggeschäft der Stadt. Bimbo ist das schönste Stofftier, dass ich je gesehen habe. Er trägt einen Kopfschmuck mit Glockenspiel und einen roten Sattel auf dem Rücken. Ich stehe vor dem Schaufenster und will nicht weitergehen, ich will diesen Elefanten haben. Mutti verspricht ihn mir zu Weihnachten. So bekommt sie mich vom Schaufenster weg.

In dem großen Saal des Lokals *Thomas* an der Dessauer Brücke sitzen die Kinder mit ihren Eltern auf Holzstühlen in langen Reihen nebeneinander. Die anderen Kinder kenne ich nicht, aus meiner Klasse und aus meiner Straße ist keins dabei.

Wir knabbern Kekse. Das Weihnachtsprogramm beginnt. Auf der Bühne steht ein mit Tannengrün und roten Bändern geschmückter Tisch. Darauf eine aus Holz geschnitzte Krippe und viele rote brennende Kerzen auf kleinen Messingständern. Dahinter eine große rote Fahne mit einem schwarzen Hakenkreuz auf weißem Grund und ein Gemälde: Hitler mit seinem Schäferhund. Riesengroß, mit seinem weißen Bart, steht der Weihnachtsmann neben drei großen braunen Leinensäcken. Wir singen alle zusammen: *»O Tannenbaum, o Tannenbaum, wie grün sind deine Blätter . . .«*

Ich verhasple mich zweimal, denn ich denke immerzu nur an mein Gedicht. Ich habe es erst an diesem Morgen gelernt und bin nicht sicher, ob ich es fehlerfrei aufsagen kann. Aber eigentlich denke ich nur an Bimbo, den ich heute bekommen soll. Der Weihnachtsmann wird mich rufen, ich werde auf die Bühne steigen und mein Gedicht aufsagen und dann wird er mir dafür Bimbo überreichen. Ich habe sogar schon mal von ihm geträumt. Unter meinem Stuhl steht ein großer Korb, den habe ich mit einem Glöckchen geschmückt, das ich meinem Schaf abgenommen habe. Im Korb liegt eine Puppendecke, damit Bimbo es weich hat.

Alle Kinder stellen sich vorn an, sagen ihre Gedichte auf, kriegen ihre Geschenke und verlassen die Bühne wieder. Nach jedem Kind klopft mein Herz und meine Hände schwitzen. Ich bin der Letzte in der Schlange.

Der Weihnachtsmann ist so groß, dass ich beim Hochgucken meine Haare im Nacken spüre. Alle Kinder haben ihre Geschenke, jetzt bin ich dran.

Er sieht mich an und sagt: »Komm her.«

»Lieber guter Weihnachtsmann, schau mich nicht so böse an ...«

Der Weihnachtsmann hat blaue Augen. Die sehen mich an. Ich warte auf mein Geschenk. Ich konnte mein Gedicht. Die anderen Kinder hören auf zu spielen. Es wird still im Saal. Ich freue mich so auf Bimbo. Ich sehe die Beule in einem der braunen Säcke.

»Verschwinde von der Bühne«, sagt der Weihnachtsmann.

Meine Beine werden so weich, dass ich kaum noch stehen kann.

»Du kriegst kein Geschenk.«

»Aber warum denn nicht, Weihnachtsmann? Ich konnte mein Gedicht doch und ich war auch immer brav ... Meine Schularbeiten habe ich kein einziges Mal vergessen.«

»Das ist mir egal. Geh runter. Du kriegst nichts. Du bist ein Mulatte. Du gehörst nicht zu uns.«

Die rote Mütze, der weiße Bart, die blauen Augen, der rote Mantel verschwimmen mit den Lichtern im Saal und den vielen erschrockenen Augenpaaren der Kinder, die jetzt, als hätte die Pausenklingel geschellt, anfangen zu reden. Manche Erwachsene schimpfen laut über den Weihnachtsmann und sagen: »Sauerei!« Aber es nützt nichts.

Ich weine und renne die paar Stufen hinab zu meinen Eltern. Vati sieht traurig aus, als sich seine Arme um mich schließen. Das Schluchzen schüttelt mich. Mutti geht auf die Bühne, sie und der Weihnachtsmann beschimpfen sich gegenseitig. Ein paar Frauen stehen ihr zur Seite und schimpfen mit. Aber der Weihnachtsmann bleibt hart.

Mutti kommt wieder. Ich weine noch. Vati streichelt mir das Gesicht.

»Wenn ich groß bin«, sage ich, »kaufe ich für euch einen Elefanten.«

Wir ziehen uns die Mäntel an, nehmen den leeren Korb und gehen nach Hause.

Unterwegs frage ich: »Mutti, was ist ein Mulatte?«

»Das verstehst du noch nicht.«

»Aber zu den anderen Kindern hat er nicht Mulatte gesagt. Was heißt es denn?«

»Das erklären wir dir, wenn du älter bist.«
»Ich bin doch schon älter.«
»Aber dafür noch nicht alt genug.«

Ob das die anderen Eltern ihren Kindern auch sagen? Oder sagen sie, Mulatten sind Kinder, mit denen du nicht spielen darfst?

»Seid ihr auch Mulatten?« Die beiden antworten nicht. Vati nimmt meine Hand.

Noch einen Tag bis Heiligabend. Abends kann ich nicht einschlafen. Entweder denke ich an Bimbo, den ich endlich in die Arme schließen möchte, oder an den Weihnachtsmann. Warum hat er allen Kindern Geschenke gegeben, nur mir nicht? Ich steige aus dem Bett, ziehe mich aus, stelle mich vor den Spiegel. Meine Haare sind wie bei den anderen Jungen im Nacken und über den Ohren abrasiert. Bloß – meine sind schwarz. Und oben türmen sich die Locken. Ich kann sie einfach nicht niederkämmen. An meinem Körper ist alles richtig – wie bei den anderen. Ich bin dunkler, ein bisschen nur. Ist es das? Meine Haut? Das glaube ich nicht.

Irgendetwas stimmt nicht mit mir, sonst hätte der Weihnachtsmann nicht so ein Wort gesagt: Mulatte. Ich bin doch Josef aus der Hardenbergstraße 38, alle nennen mich Bubi. Ich sehe einfach keinen Unterschied zwischen mir und den Kindern aus unserer Straße. Wir halten alle zusammen. Manchmal, wenn wir uns langweilen, ziehen wir in die Schillerstraße und brüllen: »Alle Kinder aus der Schillerstraße sind dumm.«

Dann fängt die Schlacht an. Die Schillerstraßenkinder bauen sich vor uns auf und rufen: »Die aus der Hardenbergstraße sind Toilettentieftaucher.«

»Und ihr seid Esel.«

»Dreckige Stiefellecker.«

»Schillerschweine.«

Wir schreien immer lauter und trampeln dabei mit den Füßen auf das Pflaster.

»Wenn ihr noch mal hierher kommt, machen wir Brei aus euch!«, ruft Erwin, der größte aus der Schillerstraße, der schon bei der HJ ist. Er geht einen Schritt auf uns zu, die Kinder aus seiner Straße folgen ihm. Aber wir weichen nicht zurück, keinen Zentimeter. So ist das Spiel.

»Versucht das mal. Wenn ihr uns anfasst, zerbrechen wir euch wie faule stinkende Eier«, schreit Helmut.

Wir sind nur fünf und sie werden immer mehr, weil alle Kinder sehen wollen, was los ist. Also gehen wir doch ein winzig kleines Schrittchen zurück.

Sofort rufen die Schillerstraßenkinder: »Feiglinge, Feiglinge, Feiglinge!«

Ziemlich oft sind wir die Verlierer. Und die sagen dann: »Ach, an euch machen wir uns doch nicht die Finger schmutzig.«

Dann ziehen wir uns zurück. So sind die Regeln.

Ich schlüpfe wieder in meinen Schlafanzug, mache das Licht aus, ziehe mir die Gardine über den Kopf, schiebe die Verdunklung ein wenig hoch und schaue aus dem Fenster. Der Halbmond trägt einen Schleier, ich bete: »Lieber Gott, ich tue, was du willst, wenn ich Bimbo bekomme. Gib mir ein Zeichen, was ich tun soll, ich möchte so gern Bimbo haben.«

Ich weiß was: Ich trinke keinen Kakao und schenke unser Kakaopulver einem armen Kind. Wir haben seit September etwas davon aufgehoben. Da gab es einmal 62½ Gramm Kakaopulver für jedes Kind. Meine Mutter sagte: »Mehr gibt's dieses Jahr nicht, die Hälfte heben wir für Weihnachten auf. Dann freust du dich.«

»Und wenn vorher eine Bombe fällt und unser Haus weg ist?«

»Hier fallen keine Bomben.«

Ich habe gebettelt und geschimpft, sie hat es nicht rausgerückt. Sie hat es mit ihrem Schmuck im Sekretär eingeschlossen. Ich hab mich schon drauf gefreut, aber wenn ich dafür Bimbo kriege . . .

Vati, dann Mutti kommen zum Gutenachtsagen. Ich erzähle ihnen von meinem Plan. Vati findet es Quatsch.

Mutti meint: »Ist nicht nötig. Bimbo will doch auch zu dir.«

Lange liege ich wach. Ich denke, Bimbo und ich gehören jetzt schon zusammen, er muss auch ein Mulatte sein. Ich liege so lange wach, dass ich am nächsten Morgen gar nicht weiß, ob ich wirklich geschlafen habe.

Am Nachmittag stehe ich vor der Stube und darf nicht rein, bis mich Mutti ruft. Dann sehe ich Bimbo im Lichterglanz mit seinen Troddeln und Glöckchen, seinem langen Rüssel, den breiten Beinen, den großen Ohren. Ich nehme ihn in die Arme. Dass unter dem Weihnachtsbaum noch eine Reichsautobahn für mich steht, sehe ich erst viel später.

Der erste Weihnachtstag ist immer toll. Meine Eltern schlafen noch, ich schleiche ins Wohnzimmer. Zuerst kann ich es kaum glauben, aber wenn ich am nächsten Morgen die Sachen da unter dem Baum liegen sehe, weiß ich, dass wirklich Weihnachten ist. An dem Tag spiele ich sofort nach dem Aufwachen, noch im Schlafanzug.

Sogar heute muss Vati weg.

»Zur Sportbesprechung für den Wackerplatz«, sagt er.

Komisch, sogar zu Weihnachten denkt er daran. Es ist doch Winter, da kann man gar nicht draußen Sport treiben.

1941

Nach den Weihnachtsferien dürfen wir alle unsere Geschenke mit zur Schule bringen. Elefanten frieren leicht, sie leben ja nur in heißen Ländern. Deshalb wickle ich Bimbo sorgfältig in ein Handtuch, hebe meine Mappe auf den Rücken und gehe in die Schule. Mein Geschenk ist das schönste. Alle stehen neidisch um Bimbo herum und wollen ihn mal anfassen. Gerhard, der neben mir sitzt, hat zwei Stukas und einen Panzer bekommen. Sie sehen aus wie die echten aus der Wochenschau im Kino.

Manchmal ärgert sich Gerhard, dass er neben mir sitzt, weil die anderen zu ihm »Na, du Zwillingsbruder« sagen. Er hat nämlich dunkle Augen und Locken wie ich. Aber seine Haare sind braun. Heute freut er sich, dass er neben mir und Bimbo sitzen darf.

»Ich lass dich auch mal mit meinen Stukas spielen«, sagt er, »wenn ich mit deinem Elefanten spielen darf.«

»Abgemacht.«

Günters trauriger Blick liegt auf mir. Er hat nur zwei Schulhefte bekommen.

Ich gebe Günter immer die Hälfte von meinem Schulbrot ab. Und Mutti gibt mir Kleidung für ihn mit, die mir nicht mehr passt. Er steht mit hängenden Schultern da und schaut auf unsere Spielsachen.

»Du kannst auch mal mitmachen«, sage ich.

Im Januar muss sich meine Mutter in einem Büro der Kaserne in der Boelckestraße melden. Ich treffe sie nach der Schule in unserer Straße. Ein riesiges Paket trägt sie auf dem Rücken und läuft tief gebeugt. Ich nehme ihr die Handtasche ab. Mutti schwitzt und ächzt, es ist Frost, doch Mutti dampft. Ich halte ihr die Tür auf und stütze das Paket ab, während wir die Treppe hinaufsteigen. Oben schließe ich auf. Mutti lässt das Paket vom Rücken in den Flur rutschen, reckt sich, legt sich in der Stube auf das Sofa, Beine hoch.

»Ab sofort bin ich dienstverpflichtet«, sagt sie.

Ich betaste das Paket, was Weiches ist drin, stecke meine Finger rein. Es ist Stoff, fester dicker Stoff.

»Was heißt denn dienstverpflichtet?«

»Ich bin verpflichtet zu arbeiten. Wenn ich es nicht tue, werde ich bestraft. Ab sofort muss ich Mäntel nähen für die Wehrmacht.«

»Ziehen die Soldaten dann die Mäntel an?«

»Ja, natürlich.« Sie spricht müde und im Liegen.

»Ist doch gut. Dann frieren sie nicht.«

Mutti hat Schnittmuster für die Militärmäntel, vorgeschriebene Größen und Stückzahlen und einen Termin, bis wann sie die ersten Mäntel in der Kaserne abliefern muss. Am Abend nach dem Essen fängt sie gleich an. Vati rückt den Tisch zur Seite, Mutti breitet den Stoff auf dem Boden aus. Mit Schneiderkreide markiert sie die Schnittstellen, dann schneidet sie das schwere graue Wollgewebe. Schon nach einer Stunde hat sie Blasen an den Fingern und wir sind eingehüllt von grauen Stofffasern, Fusseln und Staub. Ich darf in der Stube nicht mehr spielen, wir können nirgends hintreten, Vati sitzt finster auf dem Sofa und schaut Mutti bei der Arbeit zu. Manchmal schüttelt er mit verzogenen Lippen den Kopf, als könne er nicht glauben, was er sieht.

Von nun an ist bei uns alles anders. Dauernd rattert die Nähmaschine, Mutti ist immer müde, uns juckt ständig die Nase vom Staub, der überall rumfliegt.

Am ersten Sonntag danach macht Mutti zum ersten Mal Pause. Wir putzen alle zusammen die Wohnung, sogar in die Schränke ist der Stoffstaub gekrochen. Vati kocht Essen, danach macht er echten Bohnenkaffee. Den hat er irgendjemandem abgekauft. Ich bekomme auch eine halbe Tasse, weil ich so viel geholfen habe. Sonst habe ich nämlich überhaupt keine Lust aufzuräumen. Wenn ich nur ahne, dass meine Eltern gleich sagen, was ich tun soll, hole ich schnell ein Schulbuch aus der Mappe und lege mich damit aufs Bett. Aber heute wollte ich, dass Mutti sich schnell ausruhen kann.

Wir sitzen noch beim Kaffee, alles glänzt, unsere Wohnung ist wieder schön, neben der Nähmaschine liegt ein großer Haufen Halbfertiges. Es klingelt an der Tür. Onkel Peter.

»Schön, dass du gekommen bist, Peter«, sagt Mutti. »Komm rein, setz dich.«

»Ich bin meiner Nase gefolgt, ich rieche Kaffee.«

Er setzt sich, Vati stellt ihm einen vollen Teller Suppe hin. Beim Essen will er wissen, was es Neues gibt. Mutti erzählt von den Mänteln.

»Otti ist dienstverpflichtet«, sagt Vati. »Sie kriegt keinen Lohn und muss außerdem noch selbst den Stoff holen und die Mäntel hinbringen.«

Onkel Peter nickt und isst, ich schenke ihm meinen Kaffee, denn in der Kanne ist nur noch ein bisschen und Kaffee schmeckt mir sowieso nicht. Die Erwachsenen sind aber gierig auf Bohnenkaffee.

Mutti sagt: »Auf jeden Fall will ich versuchen die Stückzahl zu drücken, ich schaffe nicht drei Mäntel in einer Woche.«

Ich stelle mir vor, wie ein Soldat Muttis Mantel anzieht, schön warm und gemütlich ist es drin, vielleicht würde der Soldat damit gern einen Waldspaziergang machen. Aber das darf er ja nicht.

»Mutti, kann es sein, dass auch einer in einem Mantel, den du genäht hast, stirbt?«

Sie nickt. Wahrscheinlich ist dann der Mantel nicht mehr zu gebrauchen und die ganze Arbeit war umsonst.

Onkel Peter spielt mit mir Schule. Ich soll der Lehrer sein. Onkel Peter sitzt auf meinem Bett und sagt: »Herr Bubi, ich konnte meine Hausaufgaben heute nicht machen. Ich musste meiner Mutter bei der Arbeit helfen, sie näht Mäntel für die Wehrmacht.«

Ich schimpfe: »So geht das nicht, arbeiten müssen wir alle, jeder hat seinen Teil in diesem großen Kampf zu tragen. Auch du musst deine Pflicht tun.«

»Sagt deine Lehrerin so was?«

»Na ja, so ähnlich. Sie lässt keine Entschuldigung gelten ... So, Onkel Peter, pass mal auf jetzt.«

Ich suche aus meinem Lesebuch eine Stelle heraus, Onkel Peter soll sie lesen. Aber er verhaspelt sich immerzu, dauernd muss er die Wörter wiederholen.

Ich unterbreche ihn: »Das übst du zu Hause und morgen liest du es noch mal vor.«

Onkel Peter hat keine Lust mehr zum Spielen, er nimmt mich huckepack und schleppt mich in die Stube.

Mutti steht auf und sagt: »Lasst uns zusammen ins Kino gehen. Ich kann diesen Stoff nicht mehr sehen.«

»Jetzt schon? Das wirst du wohl noch einige Jahre durchhalten müssen«, murmelt Vati.

Alle kriegen einen Schreck, ich spüre, wie die anderen stumm werden, ich auch. Noch ein paar Jahre Krieg, da bin ich ja schon groß.

Vor dem Film gibt's wie immer die langweilige Wochenschau. Nur Nachrichten über den Krieg. Aber dann fängt endlich der Film an. Er ist über Friedrich den Großen, das ist der preußische König, den wir auch in der Schule durchnehmen.

Ich sitze mit meiner Mutter am Tisch und male. Einen Stern aus zwei Dreiecken. Wenn man ein Dreieck verkehrt herum auf ein anderes malt, entsteht ein sechszackiger Stern. Das ist der Judenstern, wir haben es in der Schule gelernt.

Mutti sagt: »Ach, der Stern ist ja langweilig. Mal doch so einen.« Sie nimmt mir den Stift aus der Hand und zeichnet einen Stern mit fünf Zacken. »Guck, der ist doch viel schöner. Den kannst du sogar mit einer einzigen Linie malen.«

Beim dritten Versuch kriege ich es hin. Jetzt

male ich nur noch fünfzackige Sterne mit einer einzigen Linie. In der Schule können sie mir das nicht so leicht nachmachen.

Wir sollen zu Hause einen Aufsatz schreiben mit der Überschrift *Meine Eltern.* Weil Erich gefragt hat, was denn drin stehen und wie lang er sein soll, erklärt Frau Steinecke das Thema noch mal.

»Ihr sollt eure Eltern beschreiben und charakterisieren. Das heißt, erst das Äußere beschreiben, das, was einem eben zuerst auffällt, dann das Innere, zum Beispiel, ob sie hilfsbereit sind oder schnell zornig werden oder auch, was sie können, ob sie zum Beispiel eine Fremdsprache sprechen.«

Abends frage ich meinen Vater: »Was für Sprachen sprichst du denn alles?«

»Wozu willst du das wissen, Bubi?«

»Es soll in unseren Aufsatz rein.«

»Was, du hast noch keine Schularbeiten gemacht?«

»Hab ich vergessen. Ich war mit Helmut Schlittschuh laufen.«

»Nächstes Mal machst du zuerst Schularbeiten.«

»Und was für eine Sprache sprichst du außer Deutsch?«

»Ich versteh nur Deutsch, und Mutti auch«, sagt er.

»Habt ihr denn in der Schule keine andere Sprache gelernt?«

»Doch, aber die paar Wörter haben wir längst vergessen.«

»Aber ihr hört doch immer Radio London.«

Mutti sagt: »Bubi, du weißt, das darf kein Mensch erfahren, weil es verboten ist. Du darfst es wirklich keinem Erwachsenen und keinem Kind sagen. Niemandem! Außerdem sind die Programme doch auf Deutsch.«

Am nächsten Tag müssen wir unsere Aufsätze vorlesen. Nach dem Alphabet von vorn. Wir kommen nur bis H. Wenn wir von vorn anfangen, hoffe ich immer, dass es mich nicht trifft. Manchmal entwische ich.

Aber heute sagt Frau Steinecke: »Jetzt hören wir noch Josefs Aufsatz, dann reicht's für heute.«

Die Mittleren im Alphabet freuen sich, wie immer. Sie kommen meistens nicht dran, weder von vorn noch von hinten.

Ich lese vor: »Meine Mutter heißt Ottilie Heinrichs. Mein Vater heißt Wilhelm Heinrichs. Mein Vater ist gelernter Maschinist, jetzt ist er Werkmeister bei den Leuna-Werken. Meine Mutter ist Kindermodellschneiderin von Beruf. Einmal hat sie ein Modellkleid für ein Mädchen genäht und ist damit groß rausgekommen. In fast jeder Zeitung war ein Bild davon. Jetzt näht sie zu Hause Uniformmäntel. Meine Eltern sind blond und haben blaue Augen. Meine Mutter hat am selben Tag Geburtstag wie Adolf Hitler. Meine Eltern sind hilfsbereit und nett. Sie können nur Deutsch sprechen.«

»Danke. Setz dich.«

Mehr kann Frau Steinecke nicht sagen, denn es läutet zum Stundenende.

In der Pause sagt Hartmut zu mir: »Deine Eltern sollen blond und blauäugig sein? Guck dich mal an, da stimmt doch was nicht.«

Erich schubst mich und ruft: »Wahrscheinlich hat ihn seine Zigeunermutter auf der Straße liegen lassen und seine Eltern haben ihn aus dem Dreck gelesen.«

»Ach, deswegen ist er so dunkel. Weil er dreckig ist.«

Die beiden lachen hämisch. Andere Jungen fallen ein. Ich stehe nur da. Ich beiße mir fest auf die Lippe, damit ich nicht weine.

Wir haben einen neuen Klassenlehrer: Herrn Wilde. Nach ein paar Tagen schon nennen wir ihn den Wilden. Er ist klein und dick, steckt in einer Uniform, keiner weiß, woher die stammt. Jedenfalls ist sie braun wie die Uniformen der SA. Er unterrichtet Mathematik und Deutsch. Es dauert keine Woche, da haben wir raus, dass er lieber von seinen Heldentaten erzählt als zu unterrichten. Es geht leicht: Er kommt rein, wir stehen auf, grüßen ihn, setzen uns. Er legt seine

Staffelmütze auf das Pult. Dann stellt jemand eine Frage.

Heute meldet sich Gerhard. »Sie haben uns erzählt, wie Sie damals in Belgien ganz allein einen Franzosen gefangen genommen haben. Ich wollte mal fragen, ob Sie da keine Angst hatten.«

Der Wilde lächelt und fängt an alles von vorne zu erzählen. Wie der Franzose ihn im Graben überraschte und das Gewehr auf ihn richtete. »Ich hatte natürlich ein bisschen Bammel. Der schießt jetzt, dann biste hin, dachte ich. Ich hab mein Gewehr auch auf ihn gerichtet. Plötzlich lächelt der und winkt. Da springe ich hin, schlag ihm die Knarre aus den Pfoten und führ ihn weg, mit meinem Gewehr zwischen seinen Rippen. Dabei hätte der mich erschießen können!« Der Wilde lacht schallend.

Gerhard und ich sitzen in der dritten Reihe. Er flüstert mir zu: »Diesmal kriegen wir die Stunde ganz rum.«

Ich nicke lächelnd und schreie auf. Der Wilde hat seinen Rohrstock wie einen Speer nach mir geworfen und mich in die Seite getroffen. Vor Schmerz kommen mir die Tränen.

»Wenn ich rede, dann bist du still«, sagt der Wilde. Er steht neben mir. »Heb den Stock auf!«

Langsam bücke ich mich, traue mich nicht den Stock zu berühren, aus Furcht, er könne ausschlagen. Aber er ist nur aus Holz und der Wilde steht dicht bei mir. Die anderen Kinder sitzen erschrocken und wie festgeleimt auf ihren Stühlen, wagen kaum zu atmen, bewegen ihre Augen nicht nach links, nicht nach rechts, blicken, die Hände auf dem Tisch, starr geradeaus. Gerhard atmet schwer, öffnet den Mund, aber es kommt kein Ton.

»Ich werde nicht gern unterbrochen«, sagt der Wilde und durchbohrt Gerhard mit seinem Blick. »Schon gar nicht von solchen Mulatten.«

Da ist es wieder, dieses Wort. Ich beiße mir auf die Unterlippe, plötzlich habe ich sogar Angst zu weinen.

Der Wilde sagt: »Heute wollen wir über Vornamen sprechen. Zählt mal die germanischen Namen auf, die ihr kennt. Josef Heinrichs!«

Ich stehe auf und kann gar nichts denken.

»Setz dich.« Er steht immer noch neben mir, klopft mir mit den Fingerknöcheln auf den Kopf, meine Unterlippe blutet. Ich hab vor Schreck draufgebissen.

»Du musst mehr Nüsse essen, die sind gut fürs Gehirn ... Aber bei dir helfen die wahrscheinlich auch nicht. Du bist dumm auf die Welt gekommen.«

Alle sitzen starr wie Gliederpuppen. Als es endlich geläutet hat, rennen wir nicht wie sonst sofort auf den Hof.

Mich spricht niemand an, es ist, als habe ich plötzlich eine ansteckende Krankheit, niemand will sich in meiner Nähe aufhalten. Aber Gerhard, Günter und Hans gehen an meiner Seite hinaus.

Draußen sagt Hans: »Gemeinheit!«

»Er hat doch gar nichts gesagt«, murmelt Gerhard.

Und Günter nuschelt: »Vielleicht hat der Wilde gedacht, ihr redet über ihn.«

In meinem Kopf tönt es immerzu nur: »Mulatte. Mulatte.«

»Mutti, was ist ein Mulatte?«

Sie heizt gerade die Kachelöfen, schichtet dünnes Holz über eine zerknüllte Zeitungsseite und zündet sie an.

»Wer hat das schon wieder gesagt?«

»Unser neuer Lehrer.«

»Was hat er gesagt?«

»›Ich werde nicht gern unterbrochen. Schon gar nicht von solchen Mulatten.‹ Er hat seinen Stock nach mir geworfen, dabei hatte ich gar nichts gesagt.«

Mutti nimmt mit einem groben Handschuh Kohlen aus der Kiste im Flur und legt sie ins Feuer. Ich folge ihr in jedes Zimmer.

»Das darf er nicht machen«, sagt sie. »Da kann er dich ja verletzen.«

Ich glaube, ihre Lippen zittern. Genau sehe ich es nicht, denn es ist schummrig im Flur. Aber ihre Stimme klingt so komisch.

»Was ist denn ein Mulatte?«

»Ach Bubi, das erklär ich dir ein anderes Mal«, sagt sie seufzend.

Ich schüttle den Kopf, nehme sie an der Hand und ziehe sie zum Schrank im Wohnzimmer, wo die Lexikareihe steht.

»Wenn du es nicht weißt, dann guck bitte mal nach, ja?«

Sie sieht mich an, dann zieht sie den Kohlenhandschuh aus und greift nach einem Lexikon. Sie blättert und blättert. »Mulatte: spanisch *mulato, mulo:* Maulesel.«

»Und was steht da noch?«

Sie zögert. Dann liest sie: »Mischling eines Negers und eines Menschen weißer Rasse.«

»Versteh ich nicht. Ihr seid doch keine Neger, oder?«

Sie schüttelt den Kopf.

»Wieso sagen die dann Mulatte zu mir, wenn ihr keine Neger seid?«

»Es gibt Leute, die mögen keine dunklere Hautfarbe.«

»Aber warum nicht?«

»Weil sie dumm sind.«

Sie legt den Kohlenhandschuh in die Kohlenkiste, wäscht sich die Hände, sieht in alle Öfen. Plötzlich nimmt sie mich an den Schultern. Ich zucke zusammen, weil sie so fest zugepackt hat.

»Hör mal, Bubi. Geh allen, die schlecht über dich reden, aus dem Weg, versprichst du mir das? Versuch nicht mit ihnen zu streiten. Denk einfach, die haben ja keine Ahnung.«

Ich nicke. »Machst du dir wieder Sorgen?«

Mutti nickt.

»Hast du auch Angst?«

»Ja, ich habe Angst.«

»Hast du um mich Angst?«

»Ja.«

»Warum hast du Angst um mich?«

Erst zuckt sie die Schultern, dann räuspert sie sich und sagt: »Weil der Wilde dir wehgetan hat und so viele Kinder dich ärgern und weil ich nicht weiß, was noch werden soll.«

»Wieso?«

»Ja«, sagt sie. »Ich weiß nicht. – Hast du Hausaufgaben auf?«

Ich gehe in mein Zimmer, wo die Schultasche steht, und stelle mich vor den Spiegel. Wem ähnele ich mehr? Meinem Vater oder meiner Mutter? Ich betrachte mich genauer. Meine Nase ist ziemlich breit, das Kinn geschwungen, ich habe große schwarze Augen und sehr kleine Ohrläppchen. Eigentlich bin ich hübsch, wenn ich mich nicht so hässlich finden würde. Ich will nicht anders sein! Plötzlich habe ich Angst, in die Schule zu gehen.

»Mutti, warum bin ich so dunkel und ihr seid so hell?«

»Na, das ist doch kein Wunder. Du bist ja fast nur in der Sonne, jeden Tag spielst du draußen.«

»Aber jetzt ist Winter. Und ich bin trotzdem dunkler als ihr.«

»Na ja, die Sonnenbräune hält eben eine Weile vor.«

Ich sehe Mutti an. Sie ist blond.

»Werden denn die Haare auch von der Sonne dunkel?«

»Ach, Bubi, lass jetzt mal die Fragerei.«

»Sag doch!«

Sie schüttelt den Kopf und erzählt von Vatis dunkler Familie, die ich nicht kenne, weil niemand mehr lebt.

Ich frage an diesem Tag nichts mehr, aber ich zerbreche mir den Kopf, weil ich einfach nicht herausfinden kann, was mit mir nicht stimmt. Ist es nicht so, dass sich auch auf der Straße Leute nach mir umdrehen und manche sogar ausspucken? Helmuts Eltern sprechen mich auf der Treppe nicht mehr an. Sie antworten nicht mal, wenn ich sie grüße. Manche Kinder hören auf mit mir zu spielen, wenn sie ihre Mutter oder ihren Vater kommen sehen. Aber ich kann einfach nicht begreifen, warum. Ich gebe mir sogar besondere Mühe, keinen Streit anzufangen, beim Spielen niemals zu schummeln.

Am nächsten Tag, meine Eltern sind nicht da, setze ich den Kessel auf den Herd, stelle den Emailleeimer auf den Boden und warte. Das kochende Wasser gieße ich in den Eimer und ziehe dann meinen Pullover aus. Ich will meine Arme hell waschen, die gebräunte Haut abrubbeln. Ich nehme die Scheuerseife und versuche die Hand ins Wasser zu stecken. Sie verschwindet im Dampf, ich sehe sie nicht mehr. Die Fensterscheiben sind beschlagen, der kleine Spiegel über dem Küchenbecken auch. Die Fingerspitzen berühren das Wasser, ich schreie auf, so heiß ist es. Ich schaffe es nicht, die Hände hineinzustecken. Mal mit den Füßen probieren. Der große Zeh zuerst. Ein Schritt, einfach rein. Sofort wieder raus. Ich kann kaum stehen, beiße die Zähne zusammen, ich könnte heulen, so weh tut mein Bein. Kein bisschen heller ist die Haut geworden, nur rot. Ich seife das Bein ein. Die Berührung schmerzt, die Seife kühlt ein wenig. Ich klettere auf einen Stuhl und halte das Bein ins Waschbecken unter fließendes kaltes Wasser. Die Haut wird immer röter. Ich heule, weil mein Bein verbrüht ist und brennt, völlig umsonst. Ich ziehe meine Hose an, keine Strümpfe, keine Hausschuhe.

Da fällt mir noch etwas ein. Helmuts Schwester wäscht sich die Haare immer mit Kamillentee, damit sie heller werden. Im Küchenschrank finde ich die Kamillenblüten, koche sie auf und spüle meine Haare immer wieder mit dem Sud. Nichts. Meine Haare bleiben schwarz wie Tinte.

Ich höre unten die Kinder spielen, sehe aus

dem Fenster. Sie schliddern um die Wette auf der Eisbahn, die wir gemacht haben. Ich darf nicht runter, wenn niemand zu Hause ist. Außerdem tut mein Bein weh. Helmut ist nicht da und Ilse kommt fast gar nicht mehr in unsere Straße. Ich weiß nicht, ob die anderen Kinder mich mitspielen lassen. Ihre Eltern haben ihnen verboten mit mir zu spielen und die Kinder haben Angst, mit mir gesehen zu werden, denn dann bekommen sie wegen mir Ärger und Schläge zu Hause. Für die Schläge hassen sie mich.

Ich wische den Küchenboden auf, damit meine Eltern nicht merken, was ich gemacht habe.

Abends finden sie es gar nicht seltsam, dass ich so früh ins Bett gehe, sie freuen sich sogar darüber, denn sie wollen noch weg, zu Herrn Bartelt. Er ist jetzt bei der Polizei. Als Schneider hat er so wenig verdient, da dachte er, als Polizist kommt er besser über die Runden. Aber seine Wäschemangel hat er noch.

Vor uns an der Tafel steht ein Jungbannführer des Jungvolks in voller Montur und sagt: »Bald sollt auch ihr die Uniform des Jungvolks tragen dürfen und euch in den Dienst des Führers und des Vaterlandes stellen. Ihr dürft von nun an mitkämpfen für unsere gemeinsame Sache: ein großes geeintes Deutschland.«

Er hat Aufnahmeanträge mitgebracht. Wir

sitzen gespannt und still. Der Wilde legt jedem einen Antrag hin. Mir nicht.

Der junge Mann blickt ihn fragend an, der Wilde sagt: »Der da nicht.«

Ich darf nicht Mitglied im Jungvolk werden, dabei möchte ich so gern dabei sein. Die anderen müssen, ob sie wollen oder nicht, das Formular zu Hause ausfüllen lassen und unterschrieben wieder mitbringen. Ich bin der Einzige, der nicht darf.

Am nächsten Tag sammelt der Wilde die Zettel ein. Die anderen müssen wie die Soldaten zur Musterung, da werden sie untersucht, ob sie gesund sind. Alle sind gesund genug und werden genommen. Die Eltern müssen für ihre Kinder eine Uniform kaufen. Schwarze Hose mit Koppel, ein braunes Hemd mit dem Jungvolkzeichen am Ärmel, einem runden Hakenkreuz mit einem Blitz darin, ein schwarzes Dreiecktuch für den Hals mit einem Knoten aus Lederriemen. Die Uniform ist ziemlich teuer. Manche müssen sich Geld dafür leihen oder einen Zuschuss beantragen.

Am 19. April sitze ich zu Hause am Radio. Jetzt werden die anderen aus meiner Klasse und alle Kinder in meinem Alter, alle Kinder, mit denen ich spiele, und alle vierten Klassen im ganzen Land in das Jungvolk aufgenommen. Nur ich nicht.

Die Feieransprache wird im Radio übertragen. In der Aula stehen sie jetzt in ihren nagelneuen Uniformen in Reihen und hören die Übertragung aus großen Lautsprechern: »*Hart, schweigsam, tapfer und treu sollt ihr sein. So wünscht sich euch der Führer. Von nun an gehört ihr mit ganzem Wollen ihm. Ihr werdet lernen Befehle ohne Wenn und Aber durchzuführen. Gehorsam und Treue, Disziplin und Ordnung sind nationalsozialistische Grundtugenden. Macht dem Führer diese Freude, seid gehorsam und treu. Am Vorabend seines Geburtstags haben euch eure Eltern feierlich dem Führer zum Geschenk gemacht.*«

Ein bisschen unheimlich hört sich das an. Dem Führer gehören. Ich gehöre doch zu meinen Eltern, oder? Mein Vater sagt, wenn mir jemand befiehlt, was ich tun soll, dann soll ich mir erst überlegen, ob ich es eigentlich will und ob es gut ist, und dann entscheiden, ob ich es tue. Man muss nicht blind gehorchen, sagt er. Aber wenn man nicht gehorcht, kriegt man dann nicht Ärger?

Nach der Rede sprechen alle Kinder nach, was der Leiter der Feier vorsagt: »*Ich verspreche in der Hitler-Jugend allzeit meine Pflicht zu tun in Liebe und Treue zum Führer und zu unserer Fahne.*«

Die anderen werden mich hänseln, weil ich nicht dazugehöre. Sie werden neue Lieder lernen und in Zeltlager fahren, zusammen spielen und am Lagerfeuer sitzen. Die Jungen sind jetzt Pimpfe und die Mädchen Jungmädel und alle müssen zweimal in der Woche zum Dienst – mittwochs und samstags. Wenn sie schwänzen, werden sie ausgeschimpft und es wird auch den Eltern gemeldet.

Jetzt ruft der Redner: »Sieg!«

Die Kinder brüllen: »Heil!« Dreimal hintereinander.

Dann ist ein Kind mit Vorbrüllen dran. Es klingt so: »Siech!«

»Heil!« – »Siech!« – »Heil!« – »Siech!« – »Heil!«

Als Nächstes kommen die Lieder dran und dann müssen alle Jungen auswendig sagen: *»Jungvolkjungen sind hart, schweigsam, tapfer und treu. Jungvolkjungen sind Kameraden. Des Jungvolkjungen Höchstes ist die Ehre.«*

Die Feier geht weiter, aber ich muss das Radio ausmachen.

»Ich kann dieses Geschwafel nicht mehr ertragen«, sagt meine Mutter.

»Was ist denn eigentlich Ehre?«

»Du stellst vielleicht Fragen.« Sie nimmt die Füße vom Treter der Nähmaschine, hebt den Nähfuß, zieht den Stoff raus und schneidet die Fäden ab. »Ehre ... Wie soll ich das erklären. Ehre hat was mit Menschsein zu tun, damit, dass einer gerecht ist. Man sagt: Du hast wohl keine Ehre im Leib. Wenn zum Beispiel jemand ein

Tier quält, kann man das sagen. Aber die im Radio meinen was anderes.«

»Was denn?«

»Sie finden es gut, als Deutsche geboren zu sein. Sie fühlen sich geehrt! ... Mensch, wie soll ich dir das erklären, frag heute Abend mal Vati.«

Mein Vater sagt: »Ehre heißt für sie nichts mit Menschen zu tun zu haben, die anders sind als sie.«

Ich verstehe das einfach nicht, man kann doch auch jemandem die Ehre verletzen. Passiert das, wenn man anders ist und einen, der wie alle ist, anspricht? Ich bin verwirrt; ich bin auch anders, bloß wie? Und ich habe Angst vor morgen. Alle außer mir sind jetzt Pimpfe.

Am nächsten Morgen schleiche ich ganz früh aus meinem Zimmer und lege meiner Mutter das Geburtstagsbild vor die Tür. Dann gehe ich wieder ins Bett und warte, bis sie mich weckt.

»Vielen Dank für die Überraschung«, sagt sie. »Fast wäre ich draufgetreten. Sag mal, Bubi, bleib doch heute zu Hause. Du kannst mir beim Tragen helfen, ich muss nachher wieder in die Kaserne. Und beim Kuchenbacken könnte ich auch Hilfe gebrauchen.«

Jetzt habe ich erst recht Angst vor der Schule. Ich kann ihr sonst noch so viel von Bauchschmerzen erzählen, ich muss immer hin. Und heute gehe ich, ich will sehen, was los ist. Mutti will mir sogar verbieten in die Schule zu gehen, aber ich bettle so lange, bis sie nachgibt.

Auf dem Schulweg treffe ich Helmut in seiner neuen Uniform. Aus den Fenstern hängen überall Hakenkreuzfahnen, in den Schaufenstern stehen Hitlerbilder, mit Birkengrün geschmückt, manchmal haben sie Schriftbändchen mit roter oder goldener Aufschrift: »Herzlichen Glückwunsch. 20. April 1941.«

Vor dem Unterricht ist Fahnenappell. Die Klassen stellen sich in Dreierreihen um den Fahnenmast auf. Wir haben alle unsere festen Plätze, wir haben schon oft Appell gestanden an Feiertagen. Wir stehen stramm und warten, dass es losgeht.

Da schlägt mir der Wilde den Stock auf den Kopf. »Du da, du hast hier vorn nichts zu suchen ohne Uniform. Geh nach hinten, hinter die letzte Reihe, da kannst du stehen, da sieht dich keiner.«

Alle sehen mich an, alle Kinder aus der Schule. Die Kleineren sind erschreckt, ich kann an ihren großen Augen sehen, dass sie den Wilden gemein finden. Und wirklich, ich bin unter den Älteren der Einzige ohne Uniform.

Ich schleiche mit eingezogenem Kopf nach hinten. In den Reihen gibt es Rangeleien. An meinem Platz ist nun eine Lücke. Jeder will an seinem Stammplatz bleiben, keiner möchte in die Lücke rein, wegen seiner eingespielten Armstütze während der Lieder. Der Wilde lässt seinen Stock zischen, da huscht schnell einer an meinen alten Platz, die Jungen bilden neue Dreierreihen, hinten stehen nur zwei und ich allein hinter den beiden.

Ein Kind trägt ein Gedicht vor:

Dem Führer zum Geburtstag

Du warme Frühlingssonne,
was soll dein heller Schein?
Dem Führer zum Geburtstag
lach ich ins Herz hinein . . .

Dann wird die Fahne gehisst. Hartmut darf heute den Fahnenspruch sagen: *»Wer auf die Fahne des Führers schwört, hat nichts mehr, was ihm selber gehört«*, ruft er, während zwei andere langsam die Fahne hochziehen und alle mit erhobenem rechten Arm stehen und in den Himmel starren zur Fahne. Dann kommen die Lieder dran, dieselben wie immer. Jeder legt seinen Arm auf der Schulter des Jungen vor sich ab, natürlich dürfen die Lehrer das nicht sehen, aber ich glaube, sie übersehen es absichtlich. Ich habe keine Stütze mehr, doch während des Singens sinkt mein Arm langsam herab auf die Schulter des vor mir Stehenden. Der Junge nimmt meinen Arm mit seiner linken Hand und drückt ihn runter, zum Zeichen, dass ich ihn drauflegen darf.

Nach den Liedern noch »Heil Hitler!« schreien, dann »Kehrt marsch!« in die Klasse. Noch ein Lied im Stehen mit den Händen an der Hosennaht, der Wilde kann wohl selbst seinen Arm nicht mehr halten.

Heute reden wir im Unterricht nur über das Leben und Wirken von Adolf Hitler. Der Wilde sagt, damals im ersten Krieg hätten die deutschen Soldaten keinen Waffenstillstand schließen, sondern weiterkämpfen sollen. Dann hätten wir den Krieg nicht verloren.

»Adolf hat sich so darüber geärgert, dass er gebetet hat«, sagt er. »Da hörte er in der Nacht ganz leise eine Stimme. Der liebe Gott sagte zu ihm: ›Du sollst die Deutschen erretten und ich will dir helfen!‹ Adolf ist aufgestanden, hat die Arme zum Himmel gereckt und gerufen: ›Ich will Deutschland erlösen, Gott selber hilft mir!‹ Heute weiß die ganze Welt, dass er mit Gottes Hilfe siegen wird.«

Dem Wilden leuchten die Augen.

Günter sagt in der Pause: »Ich habe Gott noch nie reden hören.«

»Hat er denn überhaupt eine Stimme?«, frage ich.

»Ich glaube, er hat keinen Mund«, sagt Hans.

»Was ist, wenn die Leute in den anderen Ländern auch zu Gott beten? Zum Beispiel in Polen?«, frage ich.

Hans sagt nachdenklich: »Ja, stimmt. Ich dachte auch, es gibt nur einen Gott für alle Menschen.«

»Jedenfalls wär es ja ungerecht, wenn er einem helfen würde und den anderen nicht«, sagt Günter.

Die anderen spielen auf dem Schulhof Verstecken. Ich will mitmachen.

»Ja, komm«, sagt der Junge, der als Nächstes suchen muss. Dann flüstert er den anderen etwas ins Ohr.

»Ich zähle bis fünfzehn. Versteckt euch. Wer diesmal gefunden wird, kriegt einen Schlag.«

Er zählt, wir rennen auseinander. Ich verstecke mich hinter dem Fahrradständer. Keiner findet mich. Ich ducke mich tief, halte meinen Kopf zwischen den Knien. Dann läutet die Pausenglocke. Ich sehe auf, alle laufen ins Schulhaus. Keiner hat mich gesucht, sie wollten mich einfach in meinem Versteck sitzen lassen, keiner hat mich gerufen. Ich komme zu spät zum Unterricht.

Der Wilde zieht mich am Ohr bis zu meinem Platz. Er brüllt: »Setzen!« Aber er hält mein Ohr fest. »Setzen habe ich gesagt!« Das Ohr tut furchtbar weh, ich beiße die Zähne zusammen. Der Wilde lässt los, ich plumpse auf den Stuhl.

In den kleinen Pausen dürfen wir nicht aufstehen. Bevor der Wilde rausgeht, ruft er jemanden auf, meistens Hartmut. Auch heute.

»Hartmut Senft! Aufsicht führen!«

Der steht auf, stellt sich vorn ans Pult und grinst. Am Pult lehnt der Rohrstock. Den lässt der Wilde immer zurück. Der Stock steht als Vertretung für den Wilden da. Keiner wagt ihn zu berühren, ich habe das Gefühl, er könnte von selbst schlagen. Kaum ist der Wilde zur Tür raus, gehen Werner und Erich nach vorn, setzen sich auf den ersten Tisch und beginnen mit Hartmut Karten zu spielen. Die anderen fangen an zu reden und packen ihre Schulbrote aus. Nur Günter nicht. Er sitzt in meiner Reihe am Fenster, zwei Tische vor mir. Seine Schultern fallen immer traurig zusammen, wenn überall die Brotdosendeckel klappern und ein Duft von Roggenbrot und Leberwurst sich ausbreitet. Seine Mutter hat keine Verwandten auf dem Land und das Brot, das es auf die Bezugsscheine gibt, reicht nicht immer für die Schule. Manchmal hat Günter eine Pellkartoffel dabei, meistens aber nicht.

Ich wickle meine beiden Brote aus, zische kurz durch die Zähne, Günter hört sofort, dreht sich um. Ich gebe dem Jungen vor mir ein Brot mit Gemüseaufstrich, er reicht es an Günter weiter. Der murmelt: »Danke.«

»Was seh ich denn da?«, ruft Hartmut. »Bubi läuft rum.«

Alle drehen sich nach mir um, alle sehen, dass ich auf meinem Platz sitze. Mir stehen die Härchen von der Haut ab.

»Los, hör nicht auf den«, sagt Gerhard. »Wir spielen Schiffe versenken. Du hast englische und ich deutsche.«

Wir markieren jeder ein Kästchen auf Rechenpapier, zeichnen unsere Schiffe ein und beginnen unsere Meere abzufragen.

Dann ist der Wilde da. Schnell nicht aufgegessene Brote einpacken. Stifte weglegen, aufstehen, still stehen.

»Setzen«, brummt der Wilde. »Nun, Hartmut? Alles in Ordnung?«

»Ja. Bloß ...«

Er sieht zu mir herüber.

»Ist er aufgestanden?«

In meinen Ohren rauscht es. Hartmut zuckt die Schultern. Kein Kind bewegt sich. Gerhard sieht auf seine Hände. Wenn er etwas sagen würde, schlüge der Wilde ihm drauf.

»Setzen!«, sagt er zu Hartmut, nimmt seinen Stock, reckt sich, tippt mir mit der Spitze ans Kinn. »Komm nach vorn, kleiner Bastard!«

Ich muss meine Hände ausstrecken, die Handflächen nach oben, beide Hände dicht beieinander, so kann er mit einem einzigen Hieb beide gleichzeitig treffen. Ich presse die Augen zu, die Zähne aufeinander, schwanke, fünf Schläge, es ist vorbei. Den Stift kann ich nicht halten, die Tafel sehe ich nicht, weil mir das Wasser in den Augen steht.

In der großen Pause öffnet Günter den Wasserhahn auf dem Klo für mich, ich kühle meine Hände.

Zu Hause verstecke ich sie.

Mutti fragt, was sie sonst nicht fragt: »Wie war es heute in der Schule?«

»Normal. Wie immer.«

»Der Wilde hat doch einen Stock, nicht? Benutzt er den auch?«

Ich nicke, dann erzähle ich es ihr. Sie schüttelt nur immer den Kopf und sagt: »Bubi, was soll nur werden? Was soll nur werden, Bubi?«

Wenn Hans, Günter oder Gerhard zu mir sagen: »Du kannst mitspielen«, dann gehen alle anderen Jungen weg. Nur die drei spielen noch mit mir. Aber manchmal, wenn ich etwas vorschlage, zögern sie, bevor sie zustimmen. Denn beim Spielen werden sie dann gehänselt und geschubst wie ich. Gerhard nennen sie nur noch Zwilling. »He, Zwilling, komm mal her!« Das ist sein Spitzname geworden. Zu mir sagen die anderen, allen voran Hartmut und Werner: »Bastard!« Und zu meinen Freunden »Negerfreunde« oder »Bald seht ihr aus wie der. Der färbt ab.«

Heute hat Gerhard es satt. Er ist stark und breit. »Haut endlich ab und lasst uns in Ruhe. Ich spiele, mit wem ich will.«

»So?«, sagt Hartmut gedehnt.

Seine Anhänger versammeln sich um ihn.

Seitdem er vom Hordenführer zum Führer unserer Klasse ernannt worden ist, sind fast alle aus der Klasse seine Freunde. Und nur er kann den Wilden beschwichtigen, wenn der jemanden schlagen will. Natürlich bewahrt er nur seine Freunde vor Schlägen. Gerhard und Hartmut stehen sich gegenüber.

»Mit dem da«, sagt Hartmut und zeigt auf mich, »spielt keiner.«

Seine Freunde lachen höhnisch.

Gerhard ruft: »Doch, ich!«

Hans steht neben ihm.

Gerhard fährt fort: »Jeder weiß, dass du beim Murmeln nur verlierst. Jeder weiß, dass du nur versetzt worden bist, weil dein Vater bei der SA ist. Jeder weiß, dass du ein Großmaul bist . . .«

Hartmut läuft rot an, holt aus, schlägt Gerhard nieder und stürzt sich auf mich. »Du bist schuld«, schreit er. »Du bist schuld, dass wir Deutschen uns streiten.«

Ich beiße, trete. Es hilft mir nicht. Wenn Hartmut zuschlägt, ist es, als habe er den Ring freigegeben für die anderen. Sie dreschen alle auf uns ein. Nur auf Hans nicht, weil sein Vater ein Kriegsheld ist.

Ich renne zum anderen Ende des Schulhofs, stehe mit dem Rücken an den Backsteinen, die Fäuste erhoben. Die Jungen aus den anderen Klassen beobachten, was geschieht. Gerhard hält sich die Nase mit einem Taschentuch.

Hartmut schlägt mich mit der Faust ins Gesicht, mir dreht sich alles vor Augen, ich will treten, aber meine Füße treffen nur Luft. Von weitem sehe ich Günter oder ist er gar nicht so weit weg? Steht er bei Erich, Hartmut, Werner – oder hinter ihnen? Sie schubsen mich um, jedes Mal, wenn ich mich hochgerappelt habe, wieder. Sie rufen: »Nieder mit dem Zigeunerschwein!«

Ich sehe doch Günter vor mir, er ist es, hat er nicht auch den Mund offen, ruft er nicht mit?

Meine Rettung ist die Pausenglocke. Sie lassen von mir ab. Hans hilft mir hoch. Dafür stellt ihm Hartmut an der Tür ein Bein, so dass er in die Klasse fällt.

Gerhard und ich bluten aus den Nasen. Wir haben blaue Flecken überall. Dreckig sind fast alle.

Der Wilde wirft uns einen Blick zu und sagt: »Wer prügelt sich denn hier? Das hat bestimmt der Mulatte angezettelt.«

»Nein«, sage ich. »Wir haben nur gespielt. Die anderen haben angefangen.«

Da nimmt der Wilde seinen Stock und kommt auf mich zu. Ich verstecke meinen Kopf zwischen den Armen.

»Halt mal!«, sagt der Wilde zu Gerhard, gibt ihm den Stock, reißt mich mit einer Hand hoch und schlägt mich mit der anderen ins Gesicht.

»Du widersprichst nicht einem Deutschen!

Das Beste für dich ist, du machst gar nicht den Mund auf.«

Als meine Eltern mein blaues Auge und meine dicke Nase sehen, sind sie entsetzt und fragen, was los war. Ich erzähle, dass Hartmut den anderen verbietet mit mir zu spielen.

Vati meint: »Sprich nicht mehr mit ihm, hörst du?«

»Versuch auch nicht mehr dich mit ihm zu vertragen. Es hat keinen Sinn. Du hast ja zwei Ohren. Wenn er was sagt, geht's zum einen rein, zum anderen wieder raus«, sagt Mutti mit aufgeregt hoher Stimme. »Und denk nicht, du könntest stark sein, Bubi. Hau nicht zurück. Versuch immer davonzukommen. Versprich mir das.«

Zum ersten Mal sage ich meinen Eltern, dass ich fast jeden Tag gehauen werde. Wenn nicht vom Wilden, dann von den anderen Kindern. Dass ich jeden Tag beschimpft werde. Ich weiß nicht, weshalb das so ist. Vielleicht benehme ich mich falsch, mit mir stimmt etwas nicht. Wenn der Wilde mich aufruft, kann ich nie die Antwort geben, auch wenn ich sie weiß. Meine Lippen sind dann plötzlich wie Gummi, die Zunge schwer und trocken, es kommt einfach kein Wort heraus und meine Hände werden kalt. Vielleicht hätte ich früher beim Murmeln nicht so oft gewinnen sollen?

Sehe ich wirklich so anders aus? Bin ich denn

anders als die anderen? Ich spreche wie sie, ich bringe auch Altpapier zur Schule. Vielleicht sind die anderen auch böse auf mich, weil ich so wenig Altpapier mitbringe. Es gibt nämlich einen großen Papiermangel. Mutti liest den *Völkischen Beobachter.* Sie hat die ganze Kammer davon voll.

Ich hab sie gefragt: »Gibst du mir die Zeitungen?«

»Nein, die kriegst du nicht.«

»Aber ich habe immer so wenig Papier, die anderen lachen mich schon aus.«

»Meine Zeitungen kriegst du trotzdem nicht, die hebe ich auf. Das sind Zeitdokumente. Die werden mal geschichtlich wertvoll. Geh doch zu den Nachbarn und frage, ob sie dir Altpapier geben.«

»Da war ich schon. Die haben selbst Kinder. Oder sie geben alles Helmut.«

Mutti hat mich in den Arm genommen. »Tut mir Leid, Bubi. Sollen doch die anderen sammeln. Dann brauchst du dich nicht abzuschleppen.«

»Hast du wenigstens Wolle übrig oder alte Kleidung?«

»Nein, Bubi. Ich verwende alles selbst. Aber du kannst mal wieder die Sachen, die dir zu klein geworden sind, zu Günters Familie bringen.«

Zu Günters Familie? Mir schnürt sich der Hals zu, wenn ich an ihn denke.

Nach der Prügelei hat er mich nicht mehr angeguckt. Ich bin hin, hab ihm wie immer mein halbes Pausenbrot angeboten, das hat er genommen. Mit gesenktem Blick nuschelte er, so dass die anderen ihn nicht hören konnten: »Ich hab ja nichts gegen dich. Eigentlich könntest du sogar mein Freund sein. Es ist nur, wie stehe ich dann da . . .« Dann biss er in mein Brot mit der Kartoffelpastete.

Ich habe mir fest vorgenommen ihm nichts mehr abzugeben. Doch am nächsten Tag spricht er auf dem Hof wieder mit mir. Und isst das halbe Brot, ich hab es ihm doch gegeben. Beim Essen sieht er sich um und geht plötzlich weg, als wäre ihm etwas eingefallen, dann steht er mit Erich zusammen. Noch tagelang geht es so, er nimmt das Brot und lässt mich stehen.

Ich spiele mit Hans und Gerhard Fangen. Es gibt noch andere Jungen, die mitspielen. Sie sind nicht meine Freunde, aber sie haben Angst vor dem Wilden und finden es gemein, dass er mich bei jeder Gelegenheit haut. Darüber reden sie in den Pausen. Günter sieht mich mal wieder so hungrig an. Ich renne an ihm vorbei und denke: Jetzt ist Schluss. Diesen einen Moment habe ich nicht aufgepasst. Schon knalle ich auf das Pflaster, weil mir jemand ein Bein gestellt hat. Die Jungen aus den höheren Klassen haben es auch auf mich abgesehen, denn sie haben beobachtet, wie Hartmut, Erich und Werner mich hauen und kein Lehrer eingreift. Ich habe mir beide Knie aufgeschürft. Günter guckt, ich gucke zurück und spiele einfach weiter. Er kriegt nichts mehr ab von meinen Schulbroten, keinen Bissen. Das ist vorbei.

Nach der Schule gehe ich bis zur Ecke Humboldtstraße mit Hans. Dort muss er abbiegen. Ich bin allein. Aus einem Hauseingang stürzen die Jungen auf mich. Hartmut, Werner, Erich, zwei andere noch – und Günter. Sie zerren an mir, schlagen, treten, auch Günter, ich sehe seine Wut, seine hungrigen Augen, ich habe solche Angst, renne auf die Straße, zickzack, so schnell ich kann, die Angst verleiht mir Kräfte. Vor unserem Haus spielen Marianne und Ilse Himmel und Hölle, Helmut steht mit einem Stein in der Hand, die Schulmappe noch auf dem Rücken, an der Hauswand. Ich renne auf sie zu, drehe mich um, meine Verfolger stehen weit weg und lachen hämisch. Ilse nimmt mich an der Hand, meine Knie sind auf einmal weich, ich weine und setze mich auf die Bordsteinkante. Ilse streichelt meine Haare, Helmut setzt sich zu mir und legt mir seinen Arm auf die Schultern. Ich kann gar nicht mehr aufhören zu weinen.

In jeder Pause werde ich rumgeschubst, angerempelt, geschlagen, beschimpft. Der Wilde hat es den Kindern vorgemacht, ihnen gezeigt, auf wem sie rumhacken können ohne von ihm oder anderen Lehrern bestraft zu werden. Wenn mir jemand ein Bein stellt und ich hinfalle, lachen alle. Keiner geht mehr an mir vorbei ohne »Bastard«, »Mulatte«, »Neger« oder »Zigeunerschwein« zu rufen. Manchmal stehen alle um mich herum, klatschen in die Hände und beschimpfen mich im Takt. Und jeden Tag findet der Wilde einen Grund, mich zu hauen.

Auf dem Schulweg werde ich oft zusammengeschlagen und komme blutend nach Hause. Einmal lag ich bewusstlos auf der Straße. Hartmut und seine Freunde haben mich hingeworfen und getreten, bis ich nichts mehr wusste. Ilse hat es gesehen und ist zu meiner Mutter gerannt. Sie kam und hat mich nach Hause getragen. Seitdem bringt sie mich immer zur Schule und holt mich ab. Sie hat Angst um mich. Ich will viel lieber allein gehen wie alle Kinder, aber ich darf nicht. Die anderen lachen mich jetzt auch noch deshalb aus. Aber Mutti lässt mich nicht allein, ich muss sogar an ihrer Hand gehen. Sie verabschiedet sich immer mit einem traurigen Gesicht von mir.

Einmal hat sie gesagt: »Mein Liebling, ich würde dir das nicht antun, wenn ich nicht müsste. Es gibt ja die Schulpflicht, und wenn du nicht erscheinst, holt dich die Polizei. Das ist auch gefährlich.«

Ilse darf nicht zu mir, hat sie gesagt. Aber sie

darf auch zu keinem anderen Kind nach Hause. Sie darf nicht einmal in die Schule, weil sie Jüdin ist. Ich sehe sie nur noch ganz selten. Das nächste Mal, wenn ich sie unten treffe, sage ich, wir wollen Vater-Mutter-Kind spielen. Dann bin ich der Vater und gebe ihr einen Kuss mitten auf den Mund und sage: »Na, meine Liebe!« Mal sehen, was sie dann sagt. Mal sehen, wann wir uns wieder treffen.

Es klingelt an der Tür. Veronika ist gekommen.

Mutti redet mit ihr, dann sagt sie: »Bubi, heute kannst du mit Veronika schwimmen gehen. Ins Freibad.«

Ich mache einen Luftsprung. Allein oder mit anderen Kindern darf ich ja nicht hin. Und es ist schon die ganze Woche Badewetter.

»Ihr müsst nur vorher noch was erledigen.«

Ich flitze in mein Zimmer und hole die Badehose aus dem Schrank. Mutti packt mir ein Handtuch ein und zwei Brote, eins für mich und eins für Veronika. Ich habe einen kleinen Leiterwagen, in dem ich früher meinen Bimbo ausgeführt habe. Den nehmen wir jetzt mit. Meine und Veronikas Schwimmsachen kommen rein und darunter wird ein großes Paket voller Lebensmittel versteckt. Woher Veronika und Mutti wohl so viel Essen haben?

»Man kann immer noch sparen«, sagen sie fast gleichzeitig.

Ich darf den Leiterwagen ziehen. Der Weg ist ziemlich weit. Wo wir hingehen, will Veronika nicht sagen. Aber es ist die Richtung zu Vatis Fabrik.

»Gehen wir Vati abholen?«

Veronika schüttelt den Kopf.

»Aber wir gehen doch zu seiner Arbeit.«

Sie antwortet nicht. Der Weg hört auf. Wir nehmen das Lebensmittelpaket, gehen querfeldein, kriechen durch Gebüsch und kommen zu einem Zaun mit Stacheldraht.

Veronika sagt: »Das ist ein Lager.«

Aber was ein Lager denn eigentlich ist, will sie mir nicht erklären. Ich sehe hinter dem Zaun keine Bäume, das fällt mir sofort auf, nur ein paar Grashalme, lange Holzbaracken, keinen Menschen. An einer Stelle sind außen am Zaun Büsche. Da soll ich mich hinhocken und warten. Veronika nimmt das Paket mit den Lebensmitteln.

Plötzlich steht ein dürrer Mann auf der anderen Seite des Zaunes. Veronika springt hin, schiebt das Paket unten durch, da ist Erde weggebuddelt. Ich weiß nicht, wo ich zuerst hingucken soll. Veronika ist schon wieder bei mir, ich sehe durch den Zaun, der Mann ist spurlos verschwunden. Und wir gehen jetzt schwimmen.

»Hat der Mann Hunger?«

Veronika nickt.

»Warum ist er hier?«

»Die Leute müssen in der Fabrik arbeiten.«

Ich bin jetzt still. Wie wir uns versteckt haben, das war heimlich, das ist ja klar. Und ich weiß inzwischen, dass alles Heimliche auch gefährlich ist. Das habe ich schon an Muttis zusammengekniffenen Augen gesehen, als wir losgegangen sind.

Im Schwimmbad springe ich gleich ins Wasser. Und Veronika hinterher. Sie spielt mit mir und wir spritzen uns voll. Ich versuche sie unter Wasser zu ziehen, aber sie ist viel stärker als ich und taucht einfach mit mir zusammen unter. Schon lange hat niemand mehr so mit mir gespielt. Und schon lange war ich nicht mehr unter so vielen Kindern.

Am nächsten Tag, gleich nach der Schule, stehen zwei Männer vor der Tür und treten sofort ein, als ich geöffnet habe. Sie sagen zu meiner Mutter, dass sie von der Gestapo sind, dass ich mit muss.

»Ich begleite ihn«, sagt Mutti.

»Kommt nicht in Frage«, antwortet der eine Mann.

»Wann bringen Sie ihn zurück?«

»In einer Stunde.«

»Ich komme mit.«

Der andere Mann sagt: »Keine Sorge, junge Frau, wir wollen ihn nur etwas fragen. Aber nur ihn. Wir bringen ihn gleich zurück. Es muss keine Stunde dauern.«

Mir klopft das Herz, mein eines Augenlid zuckt nervös. Irgendwie schaffe ich es, mir die Schuhe anzuziehen und zwischen den Männern die Treppe runterzusteigen ohne zu stolpern. Überall habe ich Gänsehaut, gleichzeitig schwitze ich wie verrückt. Die Männer stecken in gebügelten Anzügen. Einer hat einen Bauch. Ihre Hände scheinen beim Gehen an der Hosennaht zu kleben. Sie führen mich in ein Gebäude, in ein Zimmer, auf einen Stuhl, vor einen Tisch. Da sitze ich nun. Hinter dem Tisch sitzt der dickere, der andere steht hinter mir oder läuft auf und ab. Dann kommen die Fragen, immer abwechselnd von beiden Männern gestellt.

»Wo warst du gestern?«

Der Zaun, der dürre Mann, Veronika mit dem Paket und wie ich im Gebüsch hocke.

»Ich war im Schwimmbad.«

»Und davor?«

»Zu Hause.«

»Bist du direkt von zu Hause zum Schwimmbad gegangen?«

Ich nicke.

»Allein?«

»Ja.«

»Ich frage dich noch einmal: Warst du allein im Schwimmbad?«

Mir wird heiß. »Ja«, sage ich. »Ich war allein.«

»Wo bist du vorher noch gewesen?«

»Nirgendwo.«

»Seit wann geht ein Kind allein ins Schwimmbad?«

»Aber da sind doch Kinder aus meiner Schule.«

»Warum hattest du deinen Leiterwagen dabei?«

»Für meine Schwimmsachen.«

»Was hast du hingebracht?«

»Na ja, eine Badehose, ein Handtuch und ein Brot.«

»Was noch?«

»Weiter nichts.«

Der Mann hinter mir läuft herum und fragt ein bisschen lauter als der am Tisch: »Wo warst du gestern noch?«

»Nirgendwo. Nur im Schwimmbad und zu Hause.«

»Wozu nimmst du denn den Leiterwagen mit ins Schwimmbad?«

»Damit ich meinen Beutel nicht zu tragen brauche.«

Der Dicke sagt zu dem anderen: »Bring ihn zurück.«

Der zerrt ein bisschen an meinem Arm. Ich halte gleich den anderen vors Gesicht, aber der Mann haut mich gar nicht. Ich habe immer Angst vor Schlägen. Der Mann bringt mich nur bis zur Ecke von unserer Straße, dann kehrt er um.

Mutti ist so blass wie die weiße Emailleschüssel. Sie nimmt mich in den Arm.

»Sie haben mich nicht gehauen«, sage ich. »Und ich habe nichts verraten.«

Da kommt die Farbe zurück in ihr Gesicht.

»Aber warum hat Veronika mich mitgenommen?«, frage ich.

»Damit sie nicht allein gesehen wird. Das wäre zu auffällig mit dem großen Paket.«

»Sollten die Leute denken, dass sie meine Mutter ist?«

»Ja, genau.«

»Warum haben wir Essen dorthin gebracht?«

»Weil die Leute im Lager nicht genug haben.«

»Und woher wussten die Männer, dass ich im Schwimmbad war?«

»Das weiß ich diesmal wirklich nicht«, sagt Mutti. Sie nimmt mich in den Arm und drückt mich so fest, dass ich kaum Luft bekomme. »Ich bin so stolz auf dich. Du hast nichts Falsches gesagt. Du weißt schon, worauf es ankommt.«

Die anderen reden nur noch vom Jungvolkdienst. Mittwochs und samstags dürfen die Lehrer uns keine Hausaufgaben mehr aufgeben, weil die Kinder zum Dienst müssen. Sie haben neue Wörter: *Drill, Ordnungsdienst, Exerzieren, Schlappschwanz, nach Strich und Faden schleifen.*

Viele graulen sich mittwochs vor dem Nachmittag. Da lernen sie strammstehen wie die Soldaten, sie müssen marschieren üben: »Stillgestanden!« – »Rührt euch!« – »Links um!« – »Rechts um!« – »Ganze Abteilung kehrt!«

Der Hordenführer ist erst 13 Jahre alt. Wenn einer keine Lust mehr hat, widerspricht oder zu spät kommt, wird er geschliffen. Hans sagt, man kann das Schleifen auch Quälen nennen. Ihn hat es mal erwischt. Er hatte sein Hemd nicht gebügelt. Der Führer hat ihn dafür bestraft. »Hinlegen!«, hat er gebrüllt. Hans musste sich auf den Schotter werfen und hat sich dabei die Knie aufgeschlagen. Dann zehn Liegestütze, der Junge hat ihm dabei die Nase auf den Boden gedrückt. Zur Mauer rennen, marsch! Marsch! Zehn Liegestütze, aufstehen, Tiefflieger von links, das heißt hinwerfen, aufstehen, Tiefflieger von rechts, fünfzehn Liegestütze, stillgestanden, zu den anderen marschieren.

Seitdem hat Hans Angst vor dem Dienst.

Manchmal sagt er mittwochs in der Schule, er habe Bauchschmerzen, und geht nach Hause. Dann braucht er nachmittags nicht zum Dienst. Samstags machen sie Sport oder sie singen. Das macht Spaß, sagt Hans. Manchmal reden sie auch über Rasse oder germanische Götter und so was. Oder Ältere erzählen ihnen von Adolf Hitlers Leben. Sie lernen auch schießen, mit Luftgewehren, und durch den Wald schleichen und über Felder robben. Das finden die meisten gut. Ich wäre so gern dabei. Alle mussten eine Art Prüfung bestehen, die Pimpfenprobe: sechzig Meter sprinten in zwölf Sekunden, mindestens zwei Meter fünfundsiebzig weit springen und den Schlagball mindestens fünfundzwanzig Meter weit werfen. Dafür haben sie lange trainiert. Außerdem müssen sie das HJ-Fahnenlied auswendig lernen. Ich kann es auch:

Unsre Fahne flattert uns voran,
In die Zukunft ziehn wir Mann
für Mann,
Wir marschieren für Hitler durch Nacht
und durch Not
Mit der Fahne der Jugend für
Freiheit und Brot.
Unsre Fahne flattert uns voran,
Unsre Fahne ist die neue Zeit,
Unsre Fahne führt uns in die Ewigkeit,
Ja, die Fahne ist mehr als der Tod.

Ich hab das Lied mal zu Hause gesungen, als ich abwaschen musste. Da ist meine Mutter fast ausgerastet.

»Weißt du überhaupt, was du da singst? *Unsre Fahne führt uns in die Ewigkeit* … Willst du für ein Stück Stoff sterben?«

Ich würde aber so gern mal wieder in der Pause mit einem Kind spielen. Es redet kaum noch jemand mit mir. Was ich vom Jungvolk weiß, haben mir Hans oder Gerhard erzählt und ich höre zu, wenn die anderen untereinander darüber reden. Es ist nicht so, dass überhaupt niemand mehr mit mir sprechen will, aber sie finden mich langweilig, weil ich keine Ahnung habe. Ich würde so gern auch zum Jungvolk gehen. Sie kochen sogar zusammen, draußen am Feuer.

Manchmal habe ich Lust, so viel zu essen, bis ich das Gefühl habe, ich platze. Das war schon lange nicht mehr so. Im Juni werden die Fleischrationen runtergesetzt. Es gibt nur noch 400 Gramm pro Woche. Ich habe gemerkt, dass meine Mutter immer die Lebensmittelkarten vor mir verbirgt. Sie stecken in einer Lederhülle und die legt Mutti sorgfältig weg. Auf den Karten sind Felder, für jede Woche eins für Fleisch, Käse oder Quark, Butter oder Butterschmalz und Nährmittel. Die Grammzahl steht im Feld, und wenn man seine Ration bekommt, wird das Feld ausgeschnitten. An der Seite der Karte muss man Namen und Adresse eintragen, sonst kriegt man mit der Karte nichts.

»Habt ihr für mich auch eine Karte?«, frage ich.

Meine Mutter sitzt wie immer an der Nähmaschine und näht Mäntel. »Ja, natürlich. Das weißt du doch.«

»Zeig mal.«

»Ich kann jetzt nicht, ich bin gerade beim Kragen.«

Während sie näht, schleiche ich in die Küche und suche die Karten. Es dauert eine Weile, bis ich sie auf dem Küchenschrank entdecke. So leise, wie ich kann, stelle ich einen Stuhl vor den Schrank, hole das Etui runter, ziehe die Karten raus. Es sind tatsächlich drei. *Ottilie Heinrichs, Wilhelm Heinrichs* und *Josef Heinrichs* steht da. Aber quer auf meine Karte ist ein »Z« gedruckt. Die Nähmaschine ist still, schnell die Karten wieder rein ins Etui, auf den Schrank, den Stuhl weg.

»Sag mal, was treibst du hier eigentlich?« Mutti steht in der Küche.

»Nichts.«

Sie sieht mich scharf an.

Ich stottere: »Ich ... ich habe Kekse gesucht.«

»Wir haben keine. Komm in die Stube, bring mir nicht den Schrank durcheinander.«

Was bedeutet »Z«? Zuteilung? Aber auf Vatis und Muttis steht davon nichts. »Z.« Zigeuner?

Fragen kann ich nicht. Dann würde ich mich ja verraten.

Kein Kind aus der Klasse spielt mehr mit mir. Nach der Schule stehe ich stundenlang am Fenster, denn die Kinder aus meiner Straße wollen auch nichts mehr mit mir zu tun haben. Ich seh sie unten hüpfen und ihre Reifen treiben. Mir tun die Beine weh, weil ich mithüpfen und -rennen will. Ich gucke immer, ob Ilse kommt. Sie würde bestimmt mit mir reden. Aber sie kommt gar nicht mehr. Vielleicht findet sie es schade, dass ich meistens nicht runter darf ... oder sie darf auch nicht raus.

Mutti näht wieder. Ich schleiche auf Strümpfen aus der Wohnung, lehne die Tür an und klingle bei Helmut. An die Tür von Krauses sind lauter Metallplaketten genagelt, in die Buchstaben und Zeichen gestanzt sind: Abkürzungen für die Parteiorganisationen. Jeder, der irgendwo Mitglied geworden ist, bekommt so eine Plakette für die Tür. Und wenn an einer Wohnung keine einzige Plakette ist, hat man keine Ruhe. Dann klingeln dauernd Leute mit Aufnahmeanträgen für *Kraft durch Freude* oder die *Deutsche Arbeitsfront* und wollen, dass man sie ausfüllt. Die Leute schickt einem der Blockwart auf den Hals.

Meine Mutter ist dem Winterhilfswerk beigetreten. Sie hat gesagt: »Da muss man nicht zu Versammlungen.« Und sie hat sofort das Abzeichen an die Tür genagelt.

Ich klingle noch mal bei Helmut. Der Vater öffnet im Unterhemd. Er sieht mich und zischt: »Verschwinde! Und lass dich nie wieder hier blicken. Dich will hier keiner.« Dann schlägt er die Tür zu.

Ich schleiche hoch und stelle mich wieder ans Küchenfenster.

»Bubi«, ruft Mutti aus der Stube, »Bubi, stehst du immer noch da?«

»Hmmm.«

»Spiel doch mit deinem Stabilbaukasten.«

»Hab ich schon.«

»Willst du mir helfen?«

»Nö, keine Lust.«

»Du könntest auch malen.«

»Nö.«

»Ja, dann weiß ich auch nicht. Ich näh hier eben noch fertig, dann komm ich.«

Ich drücke die Stirn ans Fenster und sehe mir den Fleck an. Dann mache ich noch mehr Abdrücke an die Scheibe. Auch mit meiner Nase und meiner Backe. Das Glas ist kalt. Ich bekomme Gänsehaut. Plötzlich sehe ich Helmut aus dem Haus treten. Ich öffne das Fenster, lehne mich über den Blumenkasten mit den Zwiebeln drin und pfeife so leise, wie ich kann, durch die Zähne. Er hört es sofort, blickt auf.

Ich winke, ziehe meine Schuhe an und rufe in die Stube: »Ich geh mal kurz runter.«

»Aber lauf nicht weg.«

»Jaja.«

Helmut wartet im Hausflur. Er will nicht auf die Straße. Seine Augen sind rot.

»Was ist?«, frage ich.

Da weint er. »Mein Alter hat mich verdroschen. Ich darf nicht mehr mit dir spielen.«

»Wieso denn nicht?«

»Weil du so schwarz bist, du siehst ja aus wie ein Neger.«

Ich gucke mir meine Hände an. Helmut sitzt auf der untersten Stufe und wird still. Heller machen kann ich meine Haut nicht, das habe ich ja schon versucht. Wäre meine Haut doch weiß, weiß wie eine Wand meinetwegen, das wär tausendmal besser.

»Mein Alter schlägt mich noch tot.« Helmut wischt sich, weil er ein kurzärmliges Hemd trägt, seine Nase an der Schulter ab und steht auf. »Du darfst nicht mehr bei mir klingeln, Bubi. Wenn ich weg kann, komm ich.«

»Aber ich darf dich nicht reinlassen.«

»Dann gehn wir eben raus, wir können ja in einer anderen Straße spielen. Oder auf dem Feld an der Wielandstraße.« Helmut grinst schon wieder.

Ich nicke und gehe langsam rauf.

Meine Mutter steht in der Küche. »Wollen wir Reibekuchen machen?«, fragt sie.

Ich schüttle den Kopf.

»Die isst du doch so gern.«

»Na gut. – Mutti ... warum darf eigentlich nie jemand zu mir kommen?«

Sie schält Kartoffeln und schweigt. Aus ihrem Haarknoten ist eine Strähne gerutscht.

»Das ist auch so eine Sache, die ich dir nicht erklären kann«, sagt sie schließlich. »Weil du es nicht verstehen würdest. Wenn du groß bist, dann sage ich dir alles. Aber jetzt noch nicht.«

Ich gehe in die Stube und knalle die Tür zu.

Immer zu klein, zu klein. Jedes Jahr näht sie mir größere Hosen – und immer noch zu klein. Kein Kind spielt draußen mit mir und ich darf keins einladen. Ich werfe mich in den großen Sessel und sehe auf meine Hände. Warum sind meine Eltern nicht so braun wie ich?

Neben dem Ofen hängen Vatis Hemden zum Trocknen. Mutti wäscht die Wäsche in derselben Zinkwanne, in der ich bade. Aber die Hemden kocht sie, damit sie richtig weiß werden.

Die Tür öffnet sich. »Essen ist fertig!«, ruft Mutti. »Und Vati ist auch schon da.« Dann tritt sie ein und sagt eindringlich: »Bubi, lass niemals ein anderes Kind in die Wohnung, auch nicht, wenn ich bloß mal einkaufen bin. Versprichst du mir das?«

Ich nicke. Was soll ich denn sonst tun.

1942

Es klopft. Ich öffne, Veronika springt herein, aufgeregt ist sie, sagt hinter vorgehaltener Hand sehr leise: »Schnell, die Gestapo kommt!«

Meine Mutter sagt: »Zieh dir die Schuhe an, Bubi, und die Jacke.«

Dann läuft sie in die Besenkammer und gibt uns zwei Koffer. Ich weiß, jetzt darf ich keine einzige, nicht mal eine klitzekleine Frage stellen. So nervös, wie die sind, kriege ich glatt eine Ohrfeige. Wir müssen die Koffer schnell wegbringen. Ich mit dem kleinen, Veronika mit dem großen, gehen wir runter und durch die Tür zum Hof raus. In dem Moment treten durch die Vordertür zwei Männer in Anzügen. Das sind die Gestapomänner, ich kenne doch die Anzüge. Über mehrere Hinterhöfe gehen wir und kommen bei einem anderen Haus auf die Straße. Veronika führt uns zu einem Eisenwarengeschäft, in dem ein alter Mann arbeitet. Er sieht so gebrechlich und verrunzelt aus, dass ich mich wundere, wie er überhaupt stehen kann. Aber er nimmt mir sogar den Koffer ab und verstaut ihn irgendwo hinten im Laden.

Im Hinterzimmer kriegen wir Malzkaffee. Veronika kleckert, weil ihre Hände zittern. Zum ersten Mal kommt mir der Gedanke, dass der Sportverein vielleicht verboten ist und die Leute sich heimlich treffen. Aber ein Sportplatz ist doch für alle gut? Doch wenn man deshalb mit der Gestapo zu tun bekommt? Ich werde nie Muttis ängstliches weißes Gesicht vergessen, als ich von der Gestapo wiedergekommen bin. Onkel Peter ist auch schon mal mitgenommen worden. Er soll was gegen Hitler gesagt haben und jemand hat ihn angezeigt. Ich habe gehört, wie Onkel Peter zu Vati gesagt hat, es sei ein Verhör über seine Gesinnung gewesen. Er kam frei, durfte dann aber nicht mehr im Büro weiterarbeiten. Er muss seitdem auf dem Friedhof Gräber ausheben.

Ich habe Vati mal gefragt, was Gesinnung heißt.

»Das ist die Meinung, die man über Dinge hat.«

»Kann man auch eine falsche Meinung haben?«

»Na ja, eine andere jedenfalls, die man nicht offen sagen darf, weil es Leute gibt, die denken, nur ihre Meinung ist richtig.«

»Ist es denn gefährlich, seine Meinung zu sagen?«

Vati hat genickt und »Manchmal schon« gesagt.

Nach einer Stunde gehen Veronika und ich wieder nach Hause. Das heißt, nur ich und ohne Koffer. Veronika bringt mich bloß bis zur Hoftür.

»Alles in Ordnung«, sagt Mutti, obwohl ich gar nichts gefragt hatte.

»Woher wusste denn Veronika, dass die Gestapo kommen würde?«

»Keine Ahnung.«

»Hast du sie nicht gefragt?«

»Nein.«

»Warum nicht?«

»Manchmal ist es besser, wenn man nicht alles weiß.«

»Und was war in den Koffern?«

»Das kann ich dir nicht sagen.«

Ich hätte Veronika fragen sollen, sie hätte es mir bestimmt gesagt.

»Warum ist es besser, wenn man nicht alles weiß? Ich will mal wissen, warum du mir nie richtig antwortest.«

»Ach, Bubi«, sagt sie und zieht mich auf einen Stuhl. »Weißt du, manchmal muss man Dinge heimlich tun, weil sie gefährlich sind. Und verboten. Und dann ist es wichtig, dass möglichst wenig Leute davon wissen, damit diese Dinge nicht rauskommen. Das verstehst du doch, oder? Und was ich nicht weiß, kann ich auch nicht aus Versehen ausplaudern. Ist doch klar, oder?«

Ich bin nicht sicher, ob ich verstanden habe, aber ich nicke.

Ich habe immer große Angst vor der Schule. Meine Mutter weckt mich um sieben, aber ich schlafe jeden Tag wieder ein. Um zehn nach sieben, um Viertel nach, um zwanzig nach weckt sie mich noch mal, ich bin so furchtbar müde, jeden Morgen. Aber Mutti schlägt die Decke zurück und sagt: »Los jetzt!«

Dann muss ich mich anziehen, die Strumpfhalter mit den kratzenden Wollstrümpfen, die kurze Hose darüber, Pullover, Hosenträger, in die Küche zum Frühstück. Gerstenkaffee, den gibt es ohne Marken. Unser ganzer Küchenschrank ist voll davon. Wer den sieht, denkt, sie hat Gerstenkaffee gehamstert. In einem Geschäft am Markt gibt es nämlich Mischkaffee. Gerstenmalz mit ein paar echten Kaffeebohnen darin. Den kauft meine Mutter tütenweise, schüttet ihn zu Hause auf ein Tablett und sortiert die echten Kaffeebohnen aus. Morgens trinke ich Gersten- und sie Bohnenkaffee, mal mit Milch, mal mit Zucker, je nachdem, was es gerade gibt.

Heute nach der ersten Stunde ist Gerhard neben mir auf einmal sehr unruhig. Ohne Unterlass fummelt er in seiner Tasche herum, in seinem Bankfach, an seinem Stuhl.

»Wollen wir Schiffe versenken?«, frage ich, damit er endlich mal still sitzt.

»Nein«, sagt er ziemlich laut, seine Stimme ist ungewöhnlich rau.

Ich wende mich um, sehe in sein Gesicht, da holt er tief Luft, zieht ein Fahrtenmesser aus der Mappe und stößt es mir in die Schulter. Ich sehe ihn noch kreideweiß vom Stuhl kippen, dann schreie ich vor Schreck, vor Schmerzen. Alle stehen um uns herum und starren mich an. Niemand grinst, niemand tut etwas.

Ewig nicht.

Blut fließt warm meinen Körper hinab. Niemand spricht.

Dann höre ich Hans: »Lasst mich mal durch.«

Er zieht mit einem Ruck das Messer raus, legt es auf den Tisch, bindet mir mit zitternden Händen das Taschentuch um die Schulter und sagt: »Leg deinen Arm auf den Tisch.«

Inzwischen haben andere Gerhard aufgerichtet. Er starrt mich an, als begreife er gar nichts mehr.

»Mensch, Zwilling«, sagt Hartmut. »Was hast du bloß gemacht!«

»Hör endlich auf Zwilling zu sagen!«, schreit Gerhard.

»Was ist denn hier los?«, brüllt der Wilde.

Niemand hat die Pausenklingel gehört. Der Wilde schubst die Kinder beiseite und fängt an auf mich einzuschlagen, bis er merkt, dass seine Hand rot wird. Er zuckt zusammen, wir haben es alle gesehen.

»Herr Wilde«, sagt Hans.

Der Lehrer sieht ihn verblüfft an.

»Josef ist verletzt, er muss ins Krankenhaus.«

Angeekelt sieht der Wilde auf seine Hand und wischt sie sich an seinem Taschentuch ab. Er bemerkt das Messer und geht nach vorn. Alle stellen sich grade neben die Bänke. »Hans, du gehst ins Sekretariat, holst die Schwester und begleitest den ins Krankenhaus.«

Ich muss warten. Währenddessen fragt der Wilde: »Wer war's?«

Gerhard meldet sich mit zitterndem Arm.

»Nun?«

Auch Gerhards Stimme zittert. »Er gehört nicht zur arischen Rasse. Wir haben beim Jungvolk gelernt, dass er dann ein Feind des deutschen Volkes ist. Wenn er groß ist, wird er ein Verbrecher und ein Volksschädling. Er wird uns bedrohen.«

»Ich weiß«, sagt der Wilde mild. »Aber das geht zu weit, Gerhard. Da wird es sicher noch ein Nachspiel geben.«

Ich werde ins Krankenhaus gebracht, die Wunde an meiner Schulter wird genäht.

Den Tag verbringe ich auf dem Sofa. Liegen

kann ich nicht, sonst pocht es in der Wunde. Sie brennt furchtbar. Meine Mutter weint. Das zweite Mal in meinem Leben sehe ich sie weinen.

Als mein Vater am Abend heimkommt, reißt er die Augen weit auf und fragt: »Wer war das?«

»Gerhard.«

Ich muss jede Einzelheit genau erzählen. Vati sitzt mit schmalen Lippen neben mir und schweigt. Er denkt. Immer denkt er so lange nach, bis er was in seinem Kopf gefunden hat. So lange schweigt er auch. Es ist kaum zum Aushalten. Irgendwann steht er auf, zieht sich seine Jacke an und geht. Eine Stunde später ist er wieder da.

»Gerhard liegt krank im Bett und heult«, sagt er. »Die Eltern meinen, er sei halt zu sensibel. Er habe das mit den Volksschädlingen zu persönlich genommen. Aber er sei eben ein Teil der Volksgemeinschaft. Wir hätten es doch alle gelernt: Du bist nichts, dein Volk ist alles. Und dann hat der Vater noch gesagt: ›Und so ist es ja auch. Manche Rassen sind eben lebensunwert.‹«

Vati ist immer lauter geworden, jetzt schreit er: »Ich werde das Arschloch zusammenschlagen, dass er nicht mehr weiß, wo vorn und hinten ist.«

Wir wissen, er wird es nicht tun. Es ist zu gefährlich. Wenn der Vater von Gerhard sich rächen will, braucht er nur zur Gestapo zu gehen und zum Beispiel zu sagen, Vati habe sich geweigert zu flaggen, obwohl er mehrmals dazu aufgefordert wurde. Unter diesem Vorwand könnte die Gestapo schon zu uns kommen.

»Vati, bin ich ein Zigeuner?«

»Wer sagt das?«

»Gerhard.«

»Na, was du davon zu halten hast, was er sagt, weißt du ja jetzt. Du bist unser Sohn, Bubi.«

»Sind Zigeuner Verbrecher?«

»Nein. Verbrecher sind Leute, die andere verraten, schlagen oder sogar umbringen.«

Ein paar Tage später soll der Arzt sich die Wunde ansehen. Unser Hausarzt wohnt zwei Häuser weiter. Wir müssen eine Stunde warten. Dann wird mir der Verband abgewickelt.

»Du brauchst keinen neuen«, sagt der Arzt. »In drei Tagen können die Fäden gezogen werden.«

Nach einer Weile sagt er zu meiner Mutter: »Ich glaube, es ist besser, Sie suchen sich einen anderen Hausarzt. Ich möchte Auseinandersetzungen in meiner Praxis vermeiden. Es gab schon Beschwerden.«

»Sie gehorchen Ihrem Blockwart?«

»Frau Heinrichs, Sie verstehen, in diesen schwierigen Zeiten muss jeder sehen, wo er bleibt.«

Wir verlassen ohne ein Wort die Praxis. Auf

dem Weg halte ich Muttis Hand. Sie drückt meine ganz fest.

Nach der Schule darf ich jetzt nur noch mit Hans aus der Wohnung oder mit Helmut, wenn er sich wegschleichen kann. Sonst muss ich immer zu Hause bleiben, egal, wie das Wetter ist. Es ist zu gefährlich für mich. Wenn mich jemand angreift, hilft mir keiner. Für Gerhard gab es auch kein Nachspiel. Er musste einmal zum Direktor, das war's. Er sitzt nicht mehr neben mir. Keiner nennt ihn mehr Zwilling. Er hat sich die Haare so kurz schneiden lassen, dass man die Locken nicht mehr sieht. Ich sitze jetzt ganz allein in der letzten Reihe.

Meine Eltern sind nicht da. In meinem Zimmer baue ich die Reichsautobahn auf. Eine Acht will ich machen. Zwei Kurventeile fehlen. Unter dem Bett, unter dem Schrank, im Wohnzimmer, in der Küche finde ich sie nicht. Ich suche noch mal im Flur. Komisch, heute ist die kleine Kammer nicht wie sonst abgeschlossen. Natürlich gehe ich hinein. Drin liegen lauter beschriebene Blätter. Ich versuche sie zu lesen, aber es ist zu dunkel in der Kammer. Also stöbere ich weiter herum, doch außer Papier ist nichts drin. Jedenfalls nicht meine Autobahnkurven. Oft durchsuche ich so die ganze Wohnung, aber meistens ist nichts Interessantes zu finden. Die Briefe der Erwachsenen sind schwer zu entziffern, die Fotos kenne ich alle schon und versteckte Süßigkeiten gibt es nicht, die kann man nicht mehr kaufen.

Heute kommt mein Vater zuerst nach Hause. Kaum steht er im Flur, flucht und schimpft er. Ich weiß nicht, was los ist. »Du darfst nicht überall deine Nase reinstecken«, schreit er. »Das kommt mir nicht noch einmal vor, dass die Tür der Kammer offen steht!«

Ich bin wütend. »Lass mich in Ruhe«, schreie ich. »Ich muss immer allein sein und allein spielen und dann schreist du mich auch noch an.«

Ich will nie mehr mit ihm reden. Kein Wort. Ich gehe in mein Zimmer, schnappe mir Bimbo und setze mich hinter die Tür auf den Boden. Ich habe da ein Versteck. Die Diele ist mal mit einem Stückchen Holz repariert worden. Und das ist locker. Ich habe es mit einem Draht hochgehoben, darunter ist ein Hohlraum, so groß wie Bimbos Kopf, das Versteck für meine Geheimzettel. Wenn ich mich so ärgere, dass ich am liebsten gegen die Wand treten oder mein Spielzeug durchs Zimmer werfen und zertrümmern würde, dann reiße ich ein Blatt von meinem Block und schreibe die schlimmsten Schimpfwörter darauf, die mir einfallen. Die Zettel stecke ich unter die Diele. Wenn ich mich dann noch ärgere, kann ich immer denken, dass die Ausdrücke schwarz auf weiß unter den Dielen liegen, und irgendwann wird sie jemand von der

Nachwelt finden. Für jeden liegt da schon ein Zettel. Das hilft mir. Wenn ich mich mit Helmut streite, denke ich nur an seinen Zettel, schon bin ich weniger sauer. Nur für den Wilden liegt keiner drin. An den will ich gar nicht denken. Am liebsten will ich ihn nie mehr sehen. Er soll nicht mal in mein Geheimversteck rein. Jetzt schreibe ich: »Vati ist gemein, blöd und ungerecht. Außerdem hat er Zähne am Arsch, die beißen ihn.« Ich falte den Zettel, hole den Draht unter der Matratze vor, öffne den Boden, stopfe den Zettel rein, schnell wieder zu und den Draht verstecken. Ich halte Bimbo und es geht mir schon besser.

Jemand betritt das Zimmer. »Bubi«, sagt Vati, »Bubi, komm mal raus.«

Ich rühre mich nicht.

»Komm doch mal.«

Ich sehe Bimbo an. Er nickt und flüstert: »Na gut.« Also stehe ich auf. Aber ich sage nichts.

»Hör mal, Bubi. Es tut mir Leid, dass ich so laut war.«

Ich halte den Kopf gesenkt. Mit dir rede ich nicht mehr.

»Guck mich doch mal an, Bubi. Ich hab mich halt sehr aufgeregt. Du darfst nie in diese Kammer gehen, hörst du? Was hast du da drin überhaupt gemacht?«

»Nichts.«

»Was hast du denn gesucht?«

»Kein Papier jedenfalls.«

»Hast du es gelesen?«

»Nein.«

Vati holt tief Luft. Er scheint erleichtert zu sein. Er will seine Hand auf meine Schulter legen, aber ich weiche aus. Mir fällt wieder ein, dass ich nicht mit ihm spreche.

»Bubi, du darfst niemandem erzählen, was da drin ist. Und auch niemals mehr da reingehen, hörst du? Sonst bringst du uns in Teufels Küche.«

Schon wieder. Ich weiß gar nicht mehr, was ich alles niemandem erzählen darf.

Mir bleibt nichts anderes übrig als zu nicken. Vati umarmt mich. Er gibt sich wirklich Mühe, aber ich mache mich steif.

»Du wirst sehen, Bubi, es wird wieder besser werden. Wir müssen jetzt zusammenhalten.«

Das verstehe ich mal wieder überhaupt nicht. Was soll besser werden? Kein Krieg mehr, das ist mir klar. Aber wieso sollen wir gerade jetzt zusammenhalten?

»Das sind doch Flugblätter. Was steht denn da drauf?«

»Das sind keine Flugblätter. Es sind bloß Programme von unserem Sportverein, damit wir für den Sportplatz Geld von der Stadt bekommen.«

»Dann brauchen sie doch nicht heimlich zu sein.«

»Doch, Bubi. Aber das verstehst du noch nicht.«

Wie immer. Ich verstehe bloß eins: Mit dem Sportplatz stimmt was nicht.

»Etwas kann ich dir noch erklären, Bubi. Wenn jemand erfährt, dass die Blätter hier liegen, wird es gefährlich für uns. Dann können wir ins Gefängnis kommen. Deshalb müssen wir eine Weile die Zähne zusammenbeißen.«

Ich denke an den Zettel in meinem Versteck und muss so lachen, dass ich gar nicht mehr wütend bin. Vati lacht auch, aber er weiß nicht, warum.

»So«, sagt er dann. »Ich hoffe, wir müssen uns nie wieder darüber unterhalten.« Er hebt mich und Bimbo hoch und lässt uns gleich wieder runter. »So ein großes Kind kann man ja gar nicht mehr auf den Arm nehmen. Weißt du was? Wir gehen jetzt zusammen spazieren und gucken, ob wir irgendwo was Leckeres zum Nachtisch für heute Abend kaufen können.«

Helmut und ich sind am Galgenberg.

»Weißt du, was Flugblätter sind?«, frage ich.

»Ja.«

»Was denn?«

»Weißt du es etwa nicht?«

»Na ja . . . doch. Weißt du es genau?«

»Ja.«

»Sag's mal.«

Helmut richtet sich auf. »Das sind Papiere, die man nicht behalten darf«, sagt er. »Weil man ins Gefängnis kommen kann, wenn man so eins hat. Denn da stehen Sachen gegen die Regierung drauf. Und die, die solche Blätter schreiben, können für immer ins Gefängnis kommen oder sogar sterben, weil man nichts gegen die Regierung sagen darf.«

Mir ist ein bisschen unheimlich zu Mute. Vielleicht darf deshalb niemand in unsere Wohnung. Wegen der Papiere in der Kammer.

»Hast du schon mal ein Flugblatt gesehen?«, frage ich.

»Nein. Und du?«

Mein Kopf wird heiß, bestimmt bin ich ganz rot. Ich zögere. »Nein«, sage ich. »Noch nie.«

Jetzt habe ich Helmut zum ersten Mal angelogen. Aber ich habe Vati versprochen niemals mit jemandem darüber zu sprechen. Und ich kann ja das Versprechen nicht brechen.

Helmut liegt bäuchlings im Gras. Seine Haare haben die gleiche Farbe wie das sonnenverbrannte Gras. Auf dem Galgenberg gibt es an Sonnentagen viele Molche. Einen haben wir im Auge. Schwarz mit gelben Flecken und einem schwarzgelben Streifen auf dem Rücken, den Blick starr, liegt er reglos auf einem Stein. Ich versuche näher an ihn heranzuschleichen. Doch wie plötzlich an einem unsichtbaren Faden fortgerissen, flitzt der Molch ins Gestrüpp.

»Das nächste Mal müssen wir ihm den Fluchtweg abschneiden«, sagt Helmut.

Die Septembersonne sticht uns in den Nacken. Wir versuchen lautlos aufzutreten, kein Grashalm darf rascheln, kein Ästchen knacken, kein Steinchen knirschen. So pirschen wir herum, auf der Suche nach einem anderen Molch.

»Guck mal, da ist ein Feuersalamander«, flüstert Helmut. »Den schnappen wir uns.«

Es gelingt ihm um den gelbschwarz gestreiften Salamander herumzuschleichen ohne seinen Schatten auf ihn zu werfen. Mit erhobenen Händen zählen wir lautlos bis drei, dann stürzen wir uns auf den Salamander. Ich halte ihn einen Moment lang in der Hand, aber er entkommt. Er glänzt feucht, fühlt sich aber trocken und glatt an.

Helmut hat keine Lust mehr. Wir haben schon oft einen Molch erwischt, ihn ein bisschen gestreichelt und dann wieder freigelassen. Jetzt legen wir uns auf den Rücken, der Himmel ist ziemlich blass.

»Nichts los da oben«, sagt Helmut. Dann holt er seine Spielzeugflugzeuge aus der Hosentasche, wir spielen Luftkampf. Jeder versucht die Flugzeuge des anderen abzuschießen. Er hat zwei Stukas, ich zwei Spitfires, ich muss immer England sein und wir schießen, bis die Flugzeuge abgestürzt sind.

Am nächsten Morgen haben wir in der ersten Stunde den Wilden. Nach dem Aufstehen, Heil Hitler, Setzen kläfft er: »Josef, komm her.«

Ich gehorche und halte beide Hände an der Hosennaht. Wie ein Möbel stehe ich vor ihm, unbeweglich. Er stützt sich auf den Stock. »Wer hat sich am Schulgarten zu schaffen gemacht?«

Der Schulgarten ist am Galgenberg, in der Nähe der Stelle, wo ich gestern mit Helmut war. Ich darf nicht mehr mit, wenn die Klasse dorthin geht, der Wilde hat es verboten. »Weiß ich nicht«, sage ich.

»Im Schulgarten hat jemand randaliert. Alle Pflanzen sind kaputt.« Er nimmt seinen Stock hoch.

»Ich weiß nichts davon, ich war dieses Jahr kein einziges Mal im Schulgarten. Ich darf doch nicht mit.«

Der Wilde nimmt meine Hände und schlägt darauf. Sie brennen, als lägen sie auf einer Herdplatte. Erst traue ich mich nicht, dann aber ziehe ich sie mit einem Ruck zurück. Das ist verboten. Schreien und Weinen ist auch verboten. Dafür gibt es beim Wilden noch mehr Schläge. Aber in mir steckt so eine Wut, immer schlägt und quält er mich für Dinge, die ich nicht getan habe. Es ist so gemein und ungerecht. Ich sehe ihm in die Augen. Das erste Mal sehe ich in diese Augen. Sie sind hellblau wie die Linien in den Schulheften, klein, die Lider hängen in je einer Falte bis an die Wimpern.

Der Wilde reißt erschrocken die Augen auf.

Noch nie hat es ein Kind in der Klasse gewagt, ihm in die Augen zu sehen. Ich hole tief Luft, meine Hände haben blaue Streifen, ich war nicht im Schulgarten, immerzu schlägt er mich für nichts. Fast im selben Moment, als der Wilde die Augen aufreißt, schlage ich zurück. Ich hasse ihn so sehr, ich weine und haue auf seine Arme, seine Hände, seine Brust, in sein Gesicht. Aber er ist stärker. Er nimmt meine Arme, hält sie mit einer Hand zusammen, rot ist er im speckigen Gesicht, geschwollen, verschwitzt. Er schlägt mit dem Stock auf meinen Rücken. Immer wieder. Ich schreie, falle auf seinen Arm und beiße zu, beiße mich in seinem Arm fest.

Er zuckt zusammen und schreit: »Du Zigeunerschwein. Dir werde ich's zeigen!«

Er schubst mich auf den Tisch der ersten Reihe. Die Jungen weichen zurück. Bei jedem Schlag stößt der Wilde einen gepressten Schrei aus. Er hält den Stock mit beiden Händen. Ich rühre mich nicht mehr. Mein Rücken ist ein Feuer, in meinem Kopf dreht sich alles, vor meinen Augen habe ich schwarze Flecken.

Das Nächste, was ich bemerke, ist Hans' Stimme: »Herr Wilde! Herr Wilde! Ich konnte leider meine Hausaufgaben nicht machen, weil wir gestern so lange Jungvolkdienst hatten.« Hans schreit es heraus.

»Setz dich«, sagt der Wilde zu mir und wischt

sich den Schweiß von der Stirn. Ich schleppe mich zu meinem Stuhl, lege den Oberkörper auf den Tisch. Wenn ich groß bin, werde ich es euch heimzahlen. Dann sollt ihr mir mal auf der Straße begegnen.

Wir hatten gar keine Hausaufgaben auf.

Mit Hans gehe ich ins Stadtbad in der Schimmelstraße. Die Sammelumkleidekabine Herren ist fast leer. Ein paar Jungen, ein Mann mit einem Bein und rotem Stumpf, ein, zwei Alte. Als ich klein war, waren fast immer alle Bänke besetzt.

»Komisch, dass keiner schwimmen geht«, sage ich.

Hans ist schon nackt. »Na, wer denn? Die Männer sind doch alle an der Front. Oder tot«, murmelt er.

Ich ziehe mich langsam und vorsichtig aus, meine Haut brennt. Hans untersucht meinen Rücken. Wenn er ihn anfassen will, zucke ich zusammen, bevor er mich berührt.

»Mein Bruder muss auch gehen«, sagt er leise. »Sei froh, dass du keine Geschwister hast.«

Wir ziehen unsere Badehosen an, bringen unsere Sachen zur Garderobe und bekommen jeder ein Band mit einer Nummer dafür. Hans springt gleich ins Becken, ich hinterher. Bei der Berührung mit dem Wasser brennt mein Rücken so furchtbar, als würde ich jeden Schlag noch einmal spüren. Vor Schreck zapple ich nur anstatt zu schwimmen und schlucke Wasser. Schnell paddle ich zur Leiter, steige raus und setze mich an den Beckenrand. Zum Glück kann keiner sehen, dass ich heule, ich bin ja am ganzen Körper nass.

»Was ist denn mit dir?«, fragt ein Mann.

Ich drehe mich um, ängstlich, es bedeutet nichts Gutes, wenn Fremde mich ansprechen. Der Mann ist breit, blond, braunäugig und hat einen schiefen Mund. Ich bekomme Gänsehaut.

»Nichts.«

»Aber was ist mit deinem Rücken passiert?«

Seine Stimme ist so weich, dass ich weiterweinen muss.

»Ich bin hingefallen«, sage ich stockend.

»Auf den Rücken?« Er sieht mich unverwandt an.

Ich nicke.

»Bestimmt?«

Ich nicke wieder.

Der Mann streicht mir über die Haare, die nass immer pudelkraus sind, und geht fort.

Heute ist Mittwoch, Badetag. Nach dem Abendessen bleibt mein Vater in der Küche sitzen. Das tut er sonst nicht. Meine Mutter hat schon die Zinkwanne mit warmem Wasser gefüllt.

»Muss ich heute baden? Ich war doch schwimmen.«

»Davon wird man nicht sauber«, sagt Vati. »Ich leiste dir heute beim Baden Gesellschaft.«

Mutti sagt: »Na los, was ist, zieh dich aus.«

Ich ziehe mir zuerst die Strümpfe aus, dann knöpfe ich die Hosenträger ab, dann die Unterhose, dann den Pulli und schließlich eben auch das Unterhemd.

Mutti fängt an zu weinen und Vati zieht mich zu sich. Dann hält er mich von hinten an den Schultern von seinem Körper ab, ich fühle seinen Blick auf den Stockstriemen. Er brüllt, ich falle vor Schreck fast um. »Mit dir, Freundchen, spreche ich noch.«

Weiß er, dass ich gelogen habe im Schwimmbad? Dass ich mich zum ersten Mal gewehrt habe? Aber er meint nicht mich, sondern den Wilden.

»Was hat der Wilde gesagt, wofür?«

»Nichts ... Doch, er hat gesagt, ich hätte den Schulgarten verwüstet. Aber ich war ja gar nicht da.«

Vati schreit, wie ich es noch nie erlebt habe. »Dieser Hund, der schlägt mir noch mein Kind tot. Der soll mir nicht über den Weg laufen, dem hau ich den Schädel ein.«

Mutti lässt ihn schreien. Sie weint nicht mehr, sie denkt. Ihre Lippen sind fest geschlossen. Sie steht am Fenster. »Schlaf eine Nacht drüber. Sag ihm, dass du ihn anzeigst wegen Kindesmisshandlung.«

»Quatsch«, sagt Vati. »Wen interessiert denn das?«

»Stimmt«, murmelt Mutti.

Ich steige in die Wanne, wasche mir allein die Haare und den Körper, trockne mich ab, nur den Rücken nicht. Das tut zu weh. Ich zieh mir die Schlafanzughose an, gehe in die Stube und spiele mit meiner Reichsautobahn. Ich habe zwei schwarze Metallautos dazu. Meine Eltern reden noch. Diesmal will ich nichts hören. Woher wusste Vati von meinem Rücken? Hat der Mann im Stadtbad was damit zu tun?

Nach einer Weile kommt Mutti mit dem Speiseöl. Damit tupft sie mir vorsichtig den Rücken ab und seufzt bei jedem Tupfer.

Am Morgen darf ich nicht in die Schule. Mutti geht mit mir los, sie hat nicht gesagt, wohin. Manchmal bleibt sie stehen und küsst mich. Sie hat feuchte Augen. Ich verstehe nichts. Eigentlich hat sie keine Zeit.

Wir laufen am Ufer der Saale entlang, dann zurück und auf die Brücke. An der Stadtseite steht seitlich ein steinernes Pferd und sieht zur Stadt, auf der Landseite hockt außen eine steinerne Kuh. Wir beugen uns über die Brüstung und versuchen Fische zu entdecken. Aber die Brücke ist zu hoch.

»Ich habe immerzu Angst um dich«, sagt Mutti. »Am schlimmsten ist es, dass ich dich nicht beschützen kann.« Sie holt tief Luft. Ihr

Gesicht ist wie versteinert. Ich fürchte mich vor ihrer Ruhe. Aufrecht steht sie da und blickt sich um, ob jemand kommt. Niemand ist zu sehen.

»Setz dich mal da drauf«, sagt sie und klopft mit der Hand auf das Eisengeländer. Ich stemme mich hoch. Im Nu sitzt sie neben mir und legt mir den Arm um die Schulter.

»Aber wir fallen doch runter«, rufe ich.

»Macht nichts«, sagt sie. »Ich halte dich fest.«

Ich höre ein Geschrei und jemand zieht an mir. Es ist eine Frau. Zwei sind da, die andere hält meine Mutter fest.

»Sie sind doch noch so jung«, sagt die eine zu ihr. »Und das Kind, denken Sie doch an das Kind!«

»Das tue ich eben«, flüstert Mutti.

»Kommen Sie, seien Sie vernünftig, das wird schon wieder.«

Mich haben sie schon vom Brückengeländer gehoben, sie halten Mutti fest und reden auf sie ein nicht mit mir in die Saale zu springen. »Ach, alles hat ein Ende, diese Zeit auch, geben Sie nicht auf.«

Ganz leise haben sie das gesagt. Irgendwann, nach langer Zeit, holt Mutti tief Luft und sagt: »Na gut. Versuchen wir's noch mal.«

Da seufzen beide Frauen und lachen, küssen uns beide ab und begleiten uns, bis der Fluss außer Sicht ist. Weiter nicht. Mutti will nicht, dass sie wissen, wo wir wohnen.

Vati erzähle ich nichts, nur Bimbo. Ich weiß nicht, ob sie es ihm erzählt hat.

Am nächsten Morgen bringt mich mein Vater zur Schule. Er redet vor dem Unterricht mit dem Wilden. Ich habe Angst; der wird sich an mir rächen.

Wir sitzen alle schon auf unseren Plätzen, da kommt er rein. Ist er nicht ein bisschen blass?

Ich denke schon, ich bin für heute sicher, aber nach der Stunde hält der Wilde mich zurück.

»Richte deinem Vater aus, wenn er mich auch nur anrührt, dann kommt er ins KZ!«

Was KZ heißt, weiß ich. Das sind die Lager, wo Gefangene schwer arbeiten müssen. Die Kinder auf der Straße haben erzählt, dass man hungern muss und gequält wird im KZ. Ich bin starr vor Schreck.

Der Wilde schubst mich zur Tür. »Geh schon und vergiss es nicht.«

Vati sagt nur wieder: »Dieser Hund!«

Aber beide, Vati und Mutti, müssen sich setzen, so schlapp sind sie auf einmal. Dann weint Mutti schon wieder, dann ich und Vati fängt auch noch an. Ich mag keine Tränen mehr sehen.

In derselben Woche legt mir Hartmut einen Antrag für das Jungvolk hin – ohne ein Wort. Natürlich will ich Mitglied werden. Ich kann schon gut lesen und schreiben, ich fülle das Blatt selbst aus und gebe es Hartmut zurück. Ich freue mich, endlich kann ich wieder mit Kindern spielen.

Zu Hause, mit einem Lachen in der Stimme, sage ich: »Ich werde beim Jungvolk aufgenommen. Hurra!«

Mutti lässt die Tasse fallen. Zum Glück war kein Bohnenkaffee drin.

»Wie kommst du denn auf die Schnapsidee: Du wirst beim Jungvolk aufgenommen?«

»Ich hab heute den Antrag ausgefüllt.«

»Wo hast du den her?«

»Von Hartmut.«

Von da an schweigt sie bis abends. Sie erzählt Vati alles. Die beiden schimpfen nicht, sie sind auch nicht direkt wütend, ich kann es nicht erklären, sie sind anders – nervös.

Mutti kauft mir eine Uniform, das muss sie, ob sie will oder nicht. Jeder deutsche Junge hat die Pflicht, zum Jungvolk zu gehen, wenn er dazu aufgefordert wird, auch wenn er keine Lust hat, so wie Hans oder die Jungen, die nicht so gut im Sport sind, und fürs Jungvolk braucht man eben eine Uniform. Die muss mittwochs und samstags sauber und frisch gebügelt sein.

»Das machst du selbst«, sagt Mutti und zeigt mir, wie man das Hemd aufs Bügelbrett legen muss, damit man nicht lauter Kniffe reinbügelt.

Ich darf jetzt mitmarschieren, Liegestütze machen, Lieder singen, wandern, bei Geländespielen dabei sein, zusammen mit den anderen:

Hartmut, Werner, Erich, Günter. Hans ist in einer anderen Gruppe, weil er ein bisschen weiter weg wohnt. Ich bin froh, wieder unter Kindern zu sein. Wir lernen mit dem Luftgewehr schießen. Erst müssen wir damit über ein Feld rennen.

»Nieder!«, brüllt der Hordenführer.

Wir schmeißen uns in die Stoppeln.

»Auf! Marsch, marsch!«

Wir springen hoch, rennen. Manche stolpern. Ich bin froh, dass nicht ich es bin, jeder achtet nur auf sich, ich helfe niemandem aufzustehen, weiter, der Letzte ist der »Waschlappen«. So wird er dann genannt und muss die Übung wiederholen.

Am Waldrand zielen wir auf Fantasieziele. Der Hordenführer geht zu jedem Jungen und erklärt ihm genau, wie er das Gewehr halten muss. Er legt es jedem richtig in die Hände. »Und jetzt Schuss!«

Ich drücke ab, der Gewehrkolben schlägt zurück auf meine Schulter, der Knall macht mein Ohr fast taub.

Sobald alle die Gewehre richtig halten, bauen wir uns Ziele: Steine mit Blechdosen drauf. Ich bin froh, dass ich mitmachen darf. Endlich darf ich auch all die Lieder lernen und mitsingen: *Hört ihr die Motoren, Ran an den Feind, Bomben auf Engeland.*

Ich muss die Pimpfenprobe bestehen, bevor

ich endgültig aufgenommen werde. Man muss einiges wissen über Hitler, die Partei und das Jungvolk – wer wem gehorchen muss – und ein paar Lieder auswendig können. Und natürlich schnell rennen, weit springen und werfen können. Ich kann alles, nur ob ich den Ball so weit werfen kann, das weiß ich nicht.

»Am Mittwoch treffen wir uns auf dem Rossplatz«, sagt der Hordenführer. »Dann ist deine Mutprobe, Josef.«

Ich freue mich, die anderen lachen. Kaum kann ich den Mittwoch erwarten, an dem ich beweisen will, dass ich ein starker, sportlicher Junge bin.

Mittwoch um vier stehe ich in meiner frisch gewaschenen Uniform auf dem Rossplatz. Ich bin der Erste. Kurz darauf sind alle da. Ohne ein Wort umstellen sie mich und stoßen mich von einem zum anderen, erst langsam, dann immer heftiger. Ich falle dauernd, sie stoßen und schubsen mich mit einem unheimlichen Schweigen. Kein Lachen, kein Schimpfwort. Mal ist Günters Gesicht vor mir, mal Erichs, mal ein anderes. Und plötzlich, alle auf einmal, schreien sie und schlagen sie mich, treten mich.

Ich falle, sacke zusammen, meine Nase blutet, meine Fingerknöchel sind aufgeschürft, die Knie auch, die Lippen bluten, ich habe den süßlichen Geschmack im Mund, liege auf dem

Pflaster, sehe die verzerrten Gesichter, höre ihre Stimmen nicht mehr.

Ich will nach Hause, ich will nichts, ich weiß gar nichts mehr, ich will hier liegen bleiben. Sie ziehen mich hoch und stützen mich, damit ich nicht auf den Boden sinke. Sobald ich wieder aus eigener Kraft stehe, beginnt der Hordenführer, unterstützt von Hartmut und Werner, mir die Uniform vom Leib zu reißen. Eine halbe Stunde habe ich gestern dran gebügelt. Die anderen Jungen halten mich fest, während die drei den Stoff an mir zerfetzen.

»Raus mit dem Judenschwein«, ruft Erich.

»Verrecke, du Zigeunersau«, zischt Günter.

Dann gibt mir einer einen Tritt, ich falle mit dem Gesicht auf die Straße, ich höre ihre Schritte, dann nichts mehr.

Irgendwie rapple ich mich auf. Blutend und nur in der Unterhose laufe ich nach Hause. War das die Mutprobe? Habe ich sie bestanden?

Aber ich weiß ja, das war der Rausschmiss. Ich gehöre nicht dazu, ich gehöre nirgendwo dazu. Bin ich ein Jude? Ein Zigeuner? Die Fragen beantworten mir meine Eltern nicht. Aber ich bin ein Kind. Was kann ich tun, damit die anderen wieder mit mir spielen?

Kaum bin ich zu Hause, weine ich und kann gar nicht mehr aufhören. Mutti wäscht mich vorsichtig mit einem Waschlappen, klebt Pflaster auf meine Knie und Finger, auf die Platzwunde an der Schläfe, gibt mir was zum Anziehen. Das Schluchzen schüttelt mich. Ich sitze bei Vati auf dem Schoß, er streichelt mich.

»Jetzt hör mal auf zu weinen, mein Liebling«, sagt er sanft. »Erzähl uns, was passiert ist, bis jetzt habe ich kaum was verstanden.«

Es dauert eine Weile, bis meine Stimme mir wieder gehorcht.

Ich esse, putze mir die Zähne und gehe ins Bett. Alles tut mir weh, überall habe ich blaue Flecken. Ich kann nicht aufhören zu weinen, mein Kopfkissen ist nass. Lieber Gott, lass mich schnell groß werden, damit ich verstehe, was die Menschen von mir wollen. Was ich tun soll, damit sie nett zu mir sind.

Mutti und Vati kommen und küssen mich.

Vati sagt: »Wir haben dich sehr lieb, Bubi. Wir sind für dich da. Immer. Die Zeiten können wir zwar nicht ändern, aber ich bin sicher, es dauert nicht mehr lange.«

Mutti kriegt kein Wort raus. Ich höre sie in der Stube weinen. Den ganzen Abend hat sie ihre Augen gewischt. Später höre ich, wie sie sagt: »Willi, Willi, mit dem Kind muss was geschehen.«

Ich habe Angst vor morgen. Wenn ich an die Schule denke, zittern mir die Knie.

Aber am nächsten Tag muss ich gar nicht hin. Die ganze Woche bleibe ich zu Hause.

Von nun an ist endgültig Schluss. Ich darf gar

nicht mehr auf die Straße ohne Mutti oder Vati. Nicht mal vor der Tür darf ich spielen. Von nun an bin ich noch mehr allein, immer. Mit Muttis Nähmaschinengeratter.

Dann bringt mich mein Vater wieder mal zur Schule, aber er führt mich in eine andere Klasse. Ich weiß nicht, was jetzt kommt, ich bin müde, so müde, dass mir alles egal ist.

Ein Lehrer steht vor mir, Vati kennt ihn, sie duzen sich sogar. Vati erzählt ihm alles: Dass er wegen Wilde beim Direktor war und ihm gedroht hat, wenn dem Jungen noch ein Haar gekrümmt werde, lasse er seine SS-Verbindungen spielen. Dass er den Wilden eine Bestie genannt hat und einen Folterknecht, was beim Jungvolk geschehen ist, wie ich zusammengeschlagen worden bin.

Der Mann drückt meinen Kopf an seine Brust und streichelt mir die Haare. Ich könnte ewig so stehen bleiben. »Jetzt bist du also hier«, sagt er. »Ich heiße Herr Rüllemann. Komm, wir gehen in die Klasse, der Unterricht fängt gleich an.«

Ich folge dem Lehrer, mir klopft das Herz vor der Tür, dann gehe ich rein, stehe vor der Klasse, ich kenne viele schon, diejenigen, die mich geschubst, gehauen und beschimpft haben auf dem Schulhof.

Herr Rüllemann sagt: »Das ist Josef Heinrichs. Ab heute geht er in eure Klasse. Vielleicht kennt ihr ihn schon, er ist nicht neu auf der Schule. Seid nett zu ihm.«

Er zeigt mir einen freien Platz. Ich setze mich und sehe mir den Lehrer genau an. Mir wird heiß. Er ist der Mann aus dem Stadtbad, der mich nach meinem Rücken gefragt hat. Ich habe schon wieder Angst, Angst vor Schlägen, weil ich gelogen habe. Obwohl ich ja gewohnt bin für alles Mögliche geschlagen zu werden.

Aber mit den Prügeln ist es bei Herrn Rüllemann vorbei. Er ist anders als der Wilde. Alle mögen ihn, obwohl er richtig unterrichtet und nicht nur Kriegsgeschichten erzählt. Die Kriegsgeschichten waren schon gut um die Zeit rumzukriegen, aber bei Herrn Rüllemann macht mir die Schule zum ersten Mal seit langem wieder ein bisschen Spaß. Wenn jemand eine falsche Antwort gibt, haut er nicht, schimpft nicht mal, er setzt sich sogar zu demjenigen hin und erklärt alles von vorn.

Im Unterricht habe ich jetzt meine Ruhe. Aber keiner von den Jungen in der Klasse spricht mit mir. Ich glaube, jeder hat Angst vor den anderen. Keiner möchte sich mit mir sehen lassen um nicht ausgelacht und verspottet zu werden. Und keiner traut sich der Erste zu sein, der mit mir redet. So bin ich allein.

Vom ersten Tag an muss ich in den Hofpausen neben Herrn Rüllemann stehen. Er hat in scharfem Ton gesagt: »Du bleibst immer hier bei mir.

Geh mir nicht weg, niemals aus meiner Sichtweite.«

So stehe ich also jede Pause zwanzig Minuten neben dem Lehrer, während die anderen rennen, spielen, lachen, miteinander reden. Manchmal kommt Hans und bleibt bei mir, aber nur selten, er will ja auch nicht dauernd gehänselt werden wegen mir.

1943

Heute weinen vier Jungen aus meiner Klasse. Keiner sagt zu ihnen, sie sollen hart sein und tapfer. Wahrscheinlich sind ihre Väter tot. Denn die waren dabei in Stalingrad. Dort waren mehr Soldaten als Halle Einwohner hat. Sie sind eingekesselt worden von russischen Soldaten und mussten immer weiterkämpfen, obwohl sie gar nicht rauskonnten aus dem Kessel. Sie durften sich nicht ergeben. Wenn sie das gemacht hätten, wären die meisten vielleicht noch lebendig. Aber jetzt sind sie entweder tot oder in russischer Gefangenschaft. Das hat uns Herr Rüllemann erklärt.

Zum Schluss sagt er: »Leider muss ich euch noch ein Gedicht aufgeben. Alle Kinder der Schule sollen es bis morgen auswendig lernen.«

Hans erzählt in der Pause, dass sein Bruder auch in Stalingrad war. Ich bin sehr traurig. Sein Vater ist doch schon tot.

Auf dem Hof versucht heute niemand mich

zu ärgern. Kein Kind hat Lust zum Spielen, alle stehen nur niedergeschlagen herum.

Manche Wörter in dem Gedicht sind schwer auszusprechen, zum Beispiel *In Deutschlands Schicksalstagen.* Das ist ein richtiger Zungenbrecher. *In Deutschlands Schicksalstagen ist uns kein Opfer zu schwer.*

In der Zeitung gibt es seit ein paar Wochen eine Seite mehr mit Todesanzeigen. Über den Anzeigen steht *In stolzer Trauer.* Meine Eltern lesen die Todesanzeigen immer zuerst.

Wir haben einen Schulwettbewerb »Kohlenklau«. Alle Klassen können mitmachen, jedes Kind kann einen Kohlenklau basteln. Kohlenklau ist eine schwarze, dicke Figur, eine Mischung aus Bär, Mensch und Katze. Kohlenklau freut sich, wenn Energie aus Kohle oder Gas verschwendet wird. Die verschwendete Menge schreibt er in sein Rechenbuch. Wenn meine Mutter zum Beispiel das Gas anzündet und dann erst den Topf auf den Herd stellt, hat sie Gas verschwendet. Der Direktor hat den Wettbewerb erklärt und gesagt, wenn es alle richtig machten, könnte man mit dem gesparten Gas über 22 000 schwere Panzer bauen.

Meine Eltern kennen Kohlenklau auch. Im Winter, wenn wir heizen und die Tür offen steht, sagt mein Vater: »Kohlenklau kommt!«

Das heißt: Mach die Tür zu, es wird kalt.

Ich möchte auch einen Kohlenklau basteln. Mutti hilft mir. Sie näht mir einen aus schwarzem Filz, die Hände aus weißem. Und ich zerschnipple ein altes Unterhemd in viele kleine Stückchen und stopfe damit den Kohlenklau aus. Sogar die Schiebermütze näht Mutti mir. Die Augen stickt sie mit weißem und schwarzem Garn. Ich nähe die Schnurrbarthaare an.

Herr Rüllemann sammelt die Kohlenklaus ein. Natürlich bemerke ich die großen Augen der anderen, sie können gar nicht wegsehen von meinem Kohlenklau, bis Herr Rüllemann ihn einsteckt. Er gibt ihn und die anderen beim Direktor ab.

Eine Woche später sagt er morgens: »Ich habe eine erfreuliche Nachricht für euch. Die Auszeichnung im Schulwettbewerb bekommt ein Junge aus eurer Klasse. Und zwar Josef Heinrichs.« Er klatscht, manche klatschen mit.

Am nächsten Tag ist dann die Preisverleihung und ich weiß schon, was kommt: Als der Direktor gehört hat, welches Kind den besten Kohlenklau gemacht hat, sagte er: »Der kann den Preis unmöglich kriegen, da steigen die Eltern auf die Barrikaden. Er geht zwar noch auf unsere Schule, aber das geht zu weit.«

Der Preis, ein dickes Werk- und Bastelbuch, wird in der Aula einem Kind aus einer anderen Klasse übergeben. Ich kriege meinen Kohlenklau zurück.

Immer häufiger kommt Besuch zu uns. Männer und Frauen, die ich nicht kenne. Meine Eltern sagen mir nie ihre Namen. Wenn Mutti Kaffee kocht, frage ich sie in der Küche danach.

»Ach, die kennst du sowieso nicht«, sagt sie dann. »Sie sind alle vom Roten Kreuz. Stör uns nicht, wir haben etwas zu besprechen. Du kannst in deinem Zimmer spielen.«

Vom Sportplatz sagt sie nichts mehr.

»Mutti, was heißt denn Sozialdemokratie?« Das Wort habe ich aufgeschnappt.

»Das hat was mit dem Roten Kreuz zu tun. Sozial sein heißt etwas für Menschen zu tun, die Hilfe brauchen. Aber das verstehst du noch nicht.«

»Mutti, darf ich bei euch spielen?«

»Nein. Was wir zu besprechen haben, ist nichts für Kinder.«

»Aber was soll ich denn spielen?«

»Du kannst doch ein Haus bauen für Bimbo.«

Ich schlendere ins Kinderzimmer, hole den Stabilbaukasten unter dem Bett hervor und baue für Bimbo ein Haus. Bimbo sitzt neben mir auf dem Boden.

»Raus darfst du nicht allein, Bimbo. Mit anderen Kindern darfst du nicht spielen. In der Schule musst du neben dem Lehrer stehen. Und jetzt darfst du nicht ins Zimmer gehen. Spiel allein in deinem Haus. Ich habe etwas zu tun, das ist nichts für Elefanten.«

Ich stopfe Bimbo in das Haus. Aber so richtig böse bin ich nicht mehr. Ich weiß ja, dass ich nicht raus darf, damit mir nichts passiert. Und Herr Rüllemann will nicht, dass ich verprügelt werde. Ich ziehe Bimbo wieder heraus.

»Komm, Bimbo, wir spielen Abwerfen. Du bist England.« Ich nehme den Ball und rufe: »Ich werfe die Bombe, ich werfe die Bombe auf das verfluchte England!«

Dann schmettere ich Bimbo den Ball auf den Kopf. Das Glöckchen an seinem Hals bimmelt, er fällt um.

»Los, steh auf, du bist dran.«

Ich halte ihn, lasse ihn den Ball hochwerfen, rufe: »Ich werfe die Bombe, ich werfe die Bombe auf das Zigeunerschwein.«

Dann renne ich schnell vor und halte dem Ball meinen Kopf hin.

»Was machst du denn da?«, fragt Vati. Ich habe ihn gar nicht kommen hören.

»Wir spielen.«

»Was denn?«

»Na, ich werfe die Bombe.«

Vati schüttelt den Kopf.

»Das ist doch nur ein Spiel.«

»Aber ein grausames. Ich möchte nicht, dass du es spielst.«

»Das spielen doch alle in unserer Schule.«

Vati schweigt.

»Herr Rüllemann hat gesagt, dass ich nicht

mitspielen darf. Ich wollte sowieso nicht, weil die anderen immer versuchen meinen Kopf zu treffen.«

Vati nimmt mich an der Hand und zieht mich mit sich in die Stube. Onkel Peter und Veronika sitzen da und eine Frau und ein Mann, die ich nicht kenne. Ich stehe am Fenster und weiß nicht, wo ich mich hinsetzen soll. Ich sehe hinaus.

»Guck mal, da kommt Herr Bartelt mit einem Hund.«

Herr Bartelt ist jetzt bei der SS. Er ist von der Polizei dahin übernommen worden. Manchmal kommt er in seiner schwarzen Uniform zu uns. Trotzdem hat er immer noch seine Wäschemangel. Ich mag ihn, er sitzt nicht nur mit den Erwachsenen im Wohnzimmer. Er spielt mit mir Autorennen auf meiner Reichsautobahn. So wie Onkel Peter.

Es klingelt, ich renne hin, öffne die Tür. Herr Bartelt kommt herein, der Hund auch.

»Warum haben Sie mir nicht gesagt, dass Sie einen Hund haben, Herr Bartelt?«

»Na, jetzt habe ich ihn mitgebracht.«

»Wie heißt er denn?«

Sein Name ist Blitz, er ist ein grauer Schäferhund. Wir mögen uns sofort. Er schnuppert an meiner Hand, dann streichle ich seinen Kopf und renne ins Wohnzimmer.

»Vati, Herr Bartelt hat seinen Hund mitgebracht. Er heißt Blitz.«

Vati lächelt und ich stutze einen Moment, denn es ist so ein Lächeln wie zu Weihnachten, wenn er schon weiß, was ich geschenkt bekomme, und sich freut, dass ich mich freue. Ich laufe zurück zu Blitz und kraule ihn wieder. Vati kommt dazu. Ich darf die Leine halten, damit sich Herr Bartelt den Mantel ausziehen kann. Danach löst er die Leine.

Blitz schnüffelt an meinen Händen. Seine Nase ist kühl und feucht. Dann schnuppert er überall in der Wohnung herum und ich gehe immer hinterher. Beim Kaffeetrinken sieht er mich so an, da gebe ich ihm ein Stückchen Brot. Er frisst es und legt dann seinen Kopf quer über meine Füße. Ziemlich schwer, so ein Schäferhundekopf.

Ich habe mich mit Blitz schon angefreundet. Wenn ich aufstehe, kommt er mit. Wir laufen nebeneinander durch die Wohnung, ich zeige ihm alles. Und bald rennen wir von der Stube in die Küche, von der Küche ins Kinderzimmer, vom Kinderzimmer in die Stube. Manchmal kriegen wir die Kurve nicht und fallen übereinander. Blitz wird immer übermütiger. Er wedelt heftig mit dem Schwanz und stupst mich mit seiner Schnauze an. Er will immer weiterspielen. Vielleicht hat er auch niemanden zum Spielen, so wie ich? Im Kinderzimmer schubst er den Ball an. Ich werfe ihn hoch, Blitz fängt ihn. Und dann versucht er mit Bimbo zu spielen.

»Nein«, rufe ich. »Nicht Bimbo beißen. Lass los!«

Ich ziehe an Bimbo. Blitz denkt, das gehört zum Spiel, und zieht auch. Dabei wackelt er mit dem Kopf, er will mir Bimbo aus den Händen reißen.

»Herr Bartelt, Herr Bartelt! Schnell!«

Herr Bartelt kommt gerannt. »Aus!«, ruft er.

Blitz lässt sofort los, legt sich auf den Boden und leckt seine Pfoten.

Ich nehme Bimbo in den Arm und untersuche ihn. »Er ist kaputt. Blitz hat den Kopfschmuck und das Ohr abgebissen.«

»Zeig mal.« Herr Bartelt sieht sich Bimbo an. Blitz liegt mit erhobenem Kopf auf dem Boden und beobachtet Herrn Bartelt aufmerksam.

Der sagt: »Das kann deine Mutter wieder nähen. Du musst ihn in Sicherheit bringen, wenn Blitz da ist. Er spielt gern mit weichen Dingen.«

Ich stecke Bimbo in sein Haus und schiebe es unter mein Bett. Blitz versucht noch Bimbo mit der Pfote hervorzuholen, doch Herr Bartelt braucht nur einmal »Pfui« zu sagen, da lässt Blitz von dem Elefanten ab.

»Der gehorcht aber schnell«, sage ich.

»Ja, das muss er auch.«

Herr Bartelt bringt Blitz nun häufiger mit. Wir spielen und toben, und wenn schönes Wetter ist, gehen wir alle gemeinsam spazieren. Dann darf ich die Leine halten. Es ist ganz leicht, Blitz zieht nie daran, er läuft immer genau neben mir. Wenn wir an eine Wiese kommen, werfe ich Stöcke und Blitz bringt sie zurück. Ich bin froh endlich wieder einen Spielgefährten zu haben. Wenn ich Blitz etwas erzähle, setzt er sich vor mich hin und hört richtig zu. Seinen Kopf hält er ein bisschen schräg, die Ohren auf mich gerichtet. Manchmal schleckt er mein Gesicht ab, er braucht bloß seinen Hals zu recken, dann kommt er dran. Schmusen kann ich auch mit ihm. Ich kraule ihn hinter den Ohren und am Bauch, manchmal legt er seine Schnauze in meine Hand, dann weiß ich, dass er gestreichelt werden will. Manchmal legt er sich auch einfach nur auf meine Füße. Schade, dass Hunde nicht schnurren können wie Katzen. Ich kann mir gar nicht mehr vorstellen, was ich an diesen langen einsamen Nachmittagen und Wochenenden gespielt habe, bevor Blitz da war. Herr Bartelt nimmt ihn aber immer wieder mit, er darf nicht bei mir übernachten, da kann ich noch so viel betteln.

Einmal liegt Blitz in der Stube auf dem Rücken, die Pfoten in der Luft, ich kraule ihn am Bauch. Da fragt Herr Bartelt: »Willst du mit Blitz mal allein runtergehen?«

»Wenn ich darf ...«

Ich kann mich nicht erinnern, wann ich das letzte Mal ohne meine Eltern auf der Straße gewesen bin. Ich sehe zu Vati hinüber. Der nickt. Zögernd blicke ich auch zu Mutti.

»Geh aber nicht so weit. Und dass du mir nicht den Beißkorb löst«, sagt sie.

»Aber Blitz ist doch so lieb, warum hat er denn überhaupt einen Beißkorb?«

»Das ist besser so«, sagt Herr Bartelt, während er die Lederriemen festzieht.

Blitz hält still. Ich renne in den Flur, ziehe mir schnell die Jacke an, schlüpfe in die Schuhe, binde sie zu und übernehme die Leine von Herrn Bartelt. »In einer Stunde bist du wieder da«, ruft Mutti mir nach.

Mit Blitz, der mir bis an den Brustkorb reicht, gehe ich aufrecht, fühle mich sicher und wünsche mir, dass alle mich sähen, besonders der Wilde. Der würde mir nicht zu nahe kommen, wenn mein Freund bei mir ist. Auf dem Feld an der Wielandstraße löse ich die Leine. Blitz rennt los, ich hinterher. Blitz macht kehrt, ich falle über ihn, wir rollen uns auf der Erde, springen aufeinander zu, schubsen uns um. Blitz bellt, ich lache. So spielen wir, mal liegt er oben, mal ich. Er stellt seine Vorderpfoten auf meine Schultern, ich laufe rückwärts, bis ich umfalle, er auf mich drauf.

Von zwei Jungen werden wir beobachtet. Ich bemerke sie, weil Blitz plötzlich stehen bleibt und ihnen entgegensieht. Langsam schlendern die beiden auf uns zu. Sie tragen die braune Uniform der Hitlerjugend, Kniestrümpfe, kurze Hosen, langärmlige Hemden. An ihren Jacken hängen grüne Schnüre. Das bedeutet, dass sie bei der HJ was zu sagen haben, dass sie Führer sind. Die HJ heißt auf jeden Fall nichts Gutes für mich, das ist mir klar. Blitz sitzt dicht bei mir auf seinen Hinterläufen.

»Was hast du hier zu suchen?«, fragt der eine Junge. »Mach, dass du wegkommst.«

»Ich spiele doch bloß . . . Aber ich wollte sowieso gerade gehen.«

Doch ich bleibe stehen, meine Beine scheinen steif zu sein, ich kann mich nicht rühren. Um zu gehen hätte ich mich umdrehen müssen, ich will ihnen nicht den Rücken zukehren. Mit einer Hand löse ich den Beißkorb und ziehe ihn Blitz von der Schnauze. An der Leine halte ich den Hund dicht bei mir, ich spüre seine Wärme am Bein. Ich tue das alles ohne nachzudenken, ohne zu wissen, weshalb, es geschieht etwas mit mir. Wenn ich mich unter Kontrolle hätte, wäre ich weggelaufen, sobald ich die Jungen bemerkt hätte, so schnell wie möglich.

Die beiden sehen sich an und grinsen. »So, du schwarzes Individuum«, sagt der mit der Peitsche in der Hand, »jetzt scheißt du zum letzten Mal.«

Es ist ein Ochsenziemer, eine Peitsche mit mehreren Lederbändern, in deren Enden Bleikugeln eingeflochten sind. Der Junge fuchtelt damit herum. Blitz duckt sich. Ich sehe nur noch, wie der große Junge langsam den Arm mit der Peitsche hebt, es ist eine tiefe Stille um mich. Nur das Geräusch der aneinander schlagenden Bleikugeln ist zu hören. Mit einem Ruck reißt der Junge die Peitsche hoch, seine Augen sehe ich, in solchen Momenten haben Gesichter stechende Augen. Dann fliege ich auf den Boden, die Jungen schreien auf. Blitz hat sich in den Griff der Peitsche verbissen. Er knurrt, Schaum tritt ihm aus dem Maul. Sein Fell ist gesträubt von der Schwanzspitze bis zum Nacken. Er steht geduckt und sieht die Jungen zähnefletschend an. Ich habe Blitz noch nie so gesehen, ich bekomme Angst vor ihm und will schon fortlaufen. Doch da drehen sich die beiden Jungen um und rennen weg, so schnell sie können.

Blitz löst seine Zähne von der Peitsche, sein Fell ist wieder glatt. Er kommt langsam auf mich zu, leckt mir das Gesicht ab. Ich umarme ihn, lege meinen Kopf auf seine Schultern, meine Knie zittern. Einen Moment später fühle ich mich so leicht, dass mir die Tränen kommen. Ich nehme den Beißkorb, greife die Leine und gehe langsam mit Blitz nach Hause.

Jetzt soll der Wilde mal versuchen mich anzufassen! Ich habe einen Freund, einen Beschützer.

Das letzte Stück Weg rennen wir, ins Haus hinein, die Treppe rauf. Oben atmen wir schwer.

»Herr Bartelt, das hätten Sie sehen müssen, Blitz hat mich beschützt«, rufe ich.

Meine Eltern und Herr Bartelt freuen sich nicht mit mir, sie schweigen.

Dann sagt Herr Bartelt: »So ... Du hast also den Beißkorb gelöst.«

Ich nicke. Damit ist das Thema erledigt. Ich streichle meinen Freund. Dann muss ich in die Badewanne und Herr Bartelt und Blitz gehen nach Hause.

Am nächsten Tag kommt Herr Bartelt wieder. Ich stehe im Flur und sehe ins Treppenhaus, aber er ist allein.

»Du kannst mit Blitz nicht mehr spielen.«

»Warum? Weil ich den Beißkorb gelöst habe?«

»Nein. Blitz war krank. Wir mussten ihn erschießen.«

Ich starre erst Herrn Bartelt, dann Vati an, sehe Muttis Gesicht und stürze in ihre Arme. »Aber gestern war er doch noch gesund!«

»Er ist gebissen worden. Er hatte die Tollwut.«

Ich habe das Gefühl, von Glaswänden umgeben zu sein. Ich weiß, dass etwas nicht stimmt, aber meine Worte, meine Bewegungen, sogar meine Gedanken prallen an den Glaswänden ab. Ich komme nicht durch. Da ist etwas, was sie mir nicht sagen, die ganze Zeit schon, was ich nicht begreifen kann. Blitz hat mich beschützt, er ist so stark, er würde sich doch nicht einfach beißen lassen. Ich weine. Mutti setzt sich mit mir auf das Sofa in der Stube. Ich kann nicht aufhören, ich bekomme kaum Luft.

Irgendwann sagt Mutti dann: »Jetzt ist Schluss!«

»Er war mein einziger Freund.«

Hätte ich bloß den Beißkorb nicht abgenommen. Was wäre schon gewesen, wenn die Jungen mich geschlagen hätten. Schläge bin ich ja gewöhnt. Es hätte wehgetan, ich hätte geblutet. Dann wäre ich nach Hause gegangen oder jemand hätte mich gefunden und irgendwann wären die Wunden geheilt. Blitz hat mich vor den Schlägen gerettet und musste dafür sterben. Wie gern wäre ich jetzt zur Wielandstraße auf das Feld gegangen und hätte mich schlagen lassen, wenn dafür nur mein bester Freund wiederkäme.

Einschlafen kann ich lange nicht. Mir geht so viel durch den Kopf. Ich glaube – ich bin sogar sicher –, Gott steht auf der Seite der Hitlerjugend. Er hilft ja sogar Hitler beim Krieg, das hat der Wilde gesagt. Aber wahrscheinlich gibt es Gott gar nicht, er würde es doch nicht zulassen. Tagelang kann ich an nichts anderes denken, als dass Blitz erschossen worden ist, weil er mich gerettet hat. Ich entschuldige mich in Gedanken hundertmal bei ihm. Ich höre auf zu beten.

Alles wird knapp. Auch das Gas zum Kochen. Deshalb haben wir jetzt eine Kochkiste. Die ist aus Holz. Mutti legt Stroh in den Boden, darüber ein Tuch. Dann stellt sie den heißen Topf rein. Morgen gibt es Erbsen. Die hat sie nur kurz aufgekocht und nun sollen sie in der Kiste gar werden. Das Tuch bindet Mutti über dem Topfdeckel zu, darüber legt sie noch ein dickes Kissen. So bleibt die Hitze vom Topf in der Kiste und die Erbsen werden langsam weich. Mich stört nur, dass Mutti die Kiste über Nacht immer in mein Bett stellt. Ich komme mit den Füßen daran und muss noch im Schlaf aufpassen, dass ich sie nicht umstoße.

Mit der Klasse gehen wir in den Wald und sammeln Heilkräuter für die verwundeten Soldaten, denn es ist zu wenig Medizin für sie da. Wir wandern, ich immer an der Seite von Herrn Rüllemann, zu den Wiesen. Heute dürfen wir bloß Spitzwegerich sammeln. Immer nur eine Pflanze, damit nicht alles durcheinander kommt. Jede Woche eine andere. Spitzwegerich ist gegen Husten. Alle stürmen auf die Wiese, jeder will das Kraut finden, es ist nur eine kleine Wiese, wir zertrampeln sie, ich immer neben Herrn Rüllemann. Aber Spitzwegerich wächst überall zwischen den Blumen und Gräsern. Ich pflücke, so viel ich kann, dann wandern wir zur Schule und geben alles ab. Ein Berg von grünen, schlappen Blättern. Zum Schulschluss kommt ein Pferdewagen von der zentralen Sammelstelle und holt die Kräuter ab.

Zu Weihnachten kriegen wir eine Sonderzuteilung Lebensmittel. Weniger als letztes Jahr. Diesmal gibt's kein Fleisch und auch keinen Käse. Die Erwachsenen bekommen echten Bohnenkaffee, 50 Gramm, und die Kinder Süßigkeiten. Aber ich hab nur ganz wenig, die anderen Kinder aus meiner Klasse haben viel mehr.

1944

Meine Mutter ist Luftschutzhelferin. Sie geht mit dem Blockwart im Haus kontrollieren, wenn Alarm ist. Sie suchen den Dachboden nach Brandbomben ab. Die anderen Leute im Haus sind zu feige dazu, sagt Mutti. Einer muss es aber machen. Und wir wohnen ganz oben. Wenn der Dachboden brennt, geht unsere Wohnung als erste in Flammen auf. Ich sitze häufig allein im Keller. Mein Vater muss meistens auch abends arbeiten, im Schichtdienst, und dauernd Überstunden machen. Neben Helmut darf ich nicht sitzen. Er muss neben seiner Mutter und seiner Schwester bleiben und soll nicht mit mir sprechen. Aber er zwinkert mir zu, so, dass nur ich es bemerke. Ich soll immer den Koffer mit den nötigsten Dingen drin festhalten. Wenn der Strom ausfällt, kommt es vor, dass Diebe den Leuten im Dunkeln ihre Luftschutzkoffer stehlen. Und die Diebe können auch Hausbewohner sein. In den Koffern sind ja alle

Wertsachen. In unserem sind Geld, Schmuck, Lebensmittelkarten, Ausweise, Geburtsurkunden, das Sparbuch, Besteck und das Fotoalbum. Und ein paar Anziehsachen. Eigentlich muss man die Gasmasken auch jedes Mal mitnehmen, aber die sind Mutti zu schwer.

»Und wenn was passiert?«, habe ich gefragt.

»Ach«, hat sie geantwortet, »dann nützen sie uns auch nichts mehr. Dann ist es zu spät. Und jetzt sparen wir uns die Schlepperei.«

Alle Leute im Keller haben Angst. Manche halten ihre Kinder fest, Frau Meiß betet immer, der alte Herr Kemski legt Patiencen auf dem Koffer auf seinen Knien und flucht dabei. Außer meinem Vater und Herrn Kemski gibt es keine Männer mehr im Haus. Alle sind an der Front oder schon tot.

Nun sitzen wir wieder hier, draußen scheint die Sonne, bei Voralarm sind wir von der Schule nach Hause gerannt, so viel Zeit ist noch, bevor die Bomber kommen. Mutti wartet dann auf der Straße vor dem Haus auf mich. Jetzt sitze ich im Keller, es hat geruckelt im Haus, der Putz rieselt von der Decke, mir dreht sich der Magen um. Mutti hat mir einen Kuss gegeben und ist hochgegangen. Jedes Mal, wenn sie bei Alarm hochgeht, will ich sie festhalten. Ich hocke auf dem Koffer. Es dauert ewig, bis die Sirene Entwarnung heult. Die Eisentür öffnet sich.

»Entwarnung!«, ruft der Blockwart.

Die Leute beginnen langsam sich zu bewegen.

»Bist du da, Mutti?«, rufe ich.

Sie nimmt mich in die Arme, drückt mich. Dann gehen wir raus. Sie erzählt, auf dem Dachboden sei eine Brandbombe in einen Wäschekorb gefallen. Da hat sie schnell den Korb genommen und mitsamt der Bombe durch das Loch im Dach auf die Straße geworfen. Sie hat auch schon mal eine Brandbombe aus dem Treppenhausfenster geschmissen. Immer muss sie die Bomben anfassen, nie der Blockwart. Der steht mit seinem Helm auf dem Kopf nur ängstlich neben ihr, sagt sie. Bedankt hat sich nie jemand bei ihr.

In der Schule ist mir in letzter Zeit nichts passiert, außer dass mir mal einer ein Bein gestellt oder ein Schimpfwort nachgerufen hat. Sogar Hartmut lässt mich in Frieden, weil ich immer neben Herrn Rüllemann stehen muss.

Aber wenn es mitten in der Stunde an die Tür klopft, dann gibt es Ärger. Fragt sich bloß, für wen. Diesmal habe ich gleich Angst, sie kriecht mir kalt den Nacken hinauf. Alle sind so still, dass es scheint, als öffne sich die Tür durch die Kraft der 36 Paar Augen, die darauf gerichtet sind. Ein Mann und eine Frau stehen draußen.

»Herr Rüllemann?«, sagt die Frau energisch.

Unser Lehrer nickt.

»Kommen Sie bitte mal mit raus.« Sie zeigt einen kleinen Ausweis.

Herr Rüllemann gehorcht zögernd, die Frau schließt die Tür. Wir flüstern nicht, wir lauschen auf die immer lauter werdenden Stimmen, hören Herrn Rüllemann brüllen: »Ich gebe Ihnen das Kind nicht heraus. Ich kann und darf es nicht.«

Ein Krachen, die Tür wird aufgestoßen, Herr Rüllemann zur Seite geschubst. Der Mann und die Frau stehen vorn und sehen uns in die Gesichter. Meine Haut zieht sich zusammen, plötzlich friere ich.

Die Frau steht schon neben mir. »Josef Heinrichs?«

Ich erkenne meine Stimme gar nicht wieder, die da piepst: »Ja.«

»Steh bitte auf und komm mit.«

»Nein, ich darf mit niemandem mitgehen.«

»Mit uns darfst du bestimmt mitgehen.« Die Stimme der Frau ist sehr streng.

»Nein«, sage ich, »mit niemandem.«

Immer wieder haben meine Eltern mir gesagt, dass ich unter keinen Umständen mit jemandem mitgehen dürfe. Nicht mal um einem alten Mann oder einer alten Frau die Einkaufstasche nach Hause zu tragen. Wie kann ich da mit fremden Leuten mitgehen? Aber damals, als die Leute von der Gestapo bei uns zu Hause waren, da musste ich auch mit. Mutti konnte gar nichts dagegen tun.

Ich habe noch diesen Gedanken im Kopf, da packt mich die Frau am Ärmel, reißt mich aus der Bank, sagt: »Du hast Bauchschmerzen, komm, wir müssen dich untersuchen lassen.«

»Ich hab keine Bauchschmerzen. Nein, ich hab gar nichts.«

Sie zieht mich aus dem Klassenzimmer.

Ich will wenigstens noch meine Schulmappe mitnehmen, doch der Mann sagt: »Die kannst du hier lassen, jemand wird sie dir dann bringen.«

Was die anderen denken, weiß ich nicht, sie sind stumm, vielleicht erschreckt wie ich. Als Letztes sehe ich Herrn Rüllemann. Er steht traurig neben der Tafel, dann schließt sich die Tür. Seine Augen sehe ich noch vor mir, als hätte er mir mit seinem Blick Mut machen wollen. Er hat mich immer beschützt.

Auf dem Gang sagt die Frau: »Du hast Bauchschmerzen, deswegen sind wir gekommen.«

Ich schüttle den Kopf, lege die Hand auf meinen Bauch. Nichts tut mir weh, die Frau lügt.

»Ich habe gar keine Bauchschmerzen«, rufe ich.

»Doch«, sagt der Mann, »du hast Bauchschmerzen. Du hast eine Blinddarmentzündung. Davon merkt man manchmal nichts, aber so was ist gefährlich.«

Die beiden haben mich noch nie gesehen. Und ich bin schon lange nicht mehr krank gewesen. Seit den Windpocken im letzten Schuljahr nicht mehr.

Ich schreie: »Nein! Ich habe keine Bauchschmerzen! Nein und nochmals nein!«

Ich beiße der Frau in die Hand, mit der sie immer noch meinen Arm umklammert hält. Da schlägt sie mir mit der anderen ins Gesicht.

Ich schreie und schlage um mich. »Loslassen! Lasst mich los!«

Der Mann hält mir den Mund zu, aber ich winde mich und kann immer wieder schreien. Die Hand der Frau ist wie aus Eisen. Sie lässt nicht los. Mit der anderen prügelt sie auf mich ein. Der Mann schlägt mich auf den Hinterkopf, aber seine Schläge sind nichts gegen die der Frau. Ich trete, wohin ich kann, gegen Schienbeine, auf Füße, ich spucke, aber es hilft nichts. Egal, was ich tue, die Frau schlägt mich nur noch mehr.

Meine Eltern sollen mich nicht noch mal bluten sehen, sie sollen nicht wieder traurig sein, sie werden mich schon holen. Mit wackligen Beinen und meinem Arm im eisernen Griff der Frau gehe ich also mit. Haben die anderen Kinder in der Schule mich gehört? Kein Lehrer hat die Tür aufgemacht um zu sehen, was los ist. Hätte mir keiner zu Hilfe kommen können? Unten steht ein Auto. Das erste Mal in meinem Leben steige ich in ein Auto. Ich lehne mich zurück und sehe die Häuser an mir vorbeifahren.

»Sind Sie die Gestapo?«, frage ich.

Der Mann nickt.

Ich werde ins Krankenhaus am Weidenplan gebracht, aber nicht in ein Zimmer mit anderen Patienten. In einem kleinen Dachzimmer schließen sie mich ein. Die Schritte der beiden und die des Arztes entfernen sich hinter der Tür.

Die Tür erscheint mir riesengroß, das ganze Zimmer besteht nur aus dieser verschlossenen Tür. Ich schlage dagegen, spucke, lehne meinen Kopf an das Holz und rufe, weine, sie rührt sich nicht, öffnet sich nicht. Eine Weile halte ich still. Ich habe plötzlich solche Angst, dass es in meinen Ohren rauscht.

Wenn niemals mehr jemand kommt ... Von draußen höre ich kein Geräusch, nichts. Ich will nicht in diesem Zimmer bleiben für immer und verhungern und verdursten. Vor lauter Weinen bekomme ich kaum noch Luft.

»Mutti!«, rufe ich und hämmere wieder an die Tür. »Mutti! Mutti! Mutti! Mutti!«

Draußen zwitschern die Vögel. Ich bin eingesperrt.

»Mutti!« Dann schreie ich: »Vati! Vati! Vati!«

Es kommt niemand. Mein Gesicht ist nass. Ich höre nichts. Mit dem Ohr an der Tür sitze ich am Boden. Im Zimmer stehen nur ein Bett und ein Stuhl. Die Wand ist schräg. Vielleicht können meine Eltern mich hier gar nicht rausholen? Vielleicht wissen sie nicht, wo ich bin? Wenn ich sie nie wieder sehe? Was wollen die Leute mit mir tun? Bei der nächsten Gelegenheit renne ich weg. Sobald jemand die Tür aufmacht, flitze ich raus. Auf die Straße. Nach Hause.

Schließlich öffnet sich die Tür. Ich bleibe stehen, mitten im Zimmer, wo ich gerade bin. Hinter der Krankenschwester und den beiden Ärzten bleibt die Tür offen. Steif wie Holz stehe ich da und rühre mich nicht.

»Ich bin Professor Stieda«, sagt ein weißhaariger Mann mit zerknittertem Gesicht. Er nimmt mich in die Arme. Ich drücke mich an ihn und weine.

Professor Stieda sagt zu dem anderen Arzt: »Muss das wirklich sein, Herr Doktor Rothmaler? Er ist doch noch so klein.«

Ohne den Mund richtig zu öffnen, so aus dem Mundwinkel heraus, sagt der andere: »Natürlich muss es sein. In zwei Tagen nehme ich den Eingriff vor.« Und mit dem anderen Mundwinkel lacht er.

Ich bin still. Professor Stieda sagt nichts mehr. Seine Arme sind warm.

»Bitte, lassen Sie mich nach Hause«, sage ich schließlich zu dem alten Arzt. »Ich habe doch gar keine Bauchschmerzen, ich bin ganz gesund.«

Professor Stieda streicht mir über den Kopf, wendet sich ab und geht mit dem anderen Arzt hinaus. Die Tür wird wieder abgeschlossen.

An dem Tag kommt nur noch eine Krankenschwester. Sie bringt mir Kartoffeln und einen

Becher Brühe. Ich esse und trinke und lege mich aufs Bett. Was wollen sie übermorgen mit mir machen? Ich muss der Krankenschwester sagen, dass sie meine Eltern benachrichtigen soll, wo ich bin, damit sie mich rausholen. Ich kann gar nicht einschlafen ohne meinen Bimbo. Warum werde ich bloß in einem Krankenhaus eingesperrt?

Ein Hitlerjunge hat mich mal auf der Straße geschubst und gesagt: »Du bist lebensunwert, man sollte dich vernichten.«

Der Satz machte mir mehr Angst als alle Schläge der Welt. Und gerade jetzt fällt er mir wieder ein.

Noch nie bin ich nachts aufgewacht ohne meine Eltern in der Stube reden oder aus dem Schlafzimmer atmen zu hören. Noch nie habe ich woanders als in meinem eigenen Bett geschlafen, außer einmal, als wir verreist waren.

Es ist totenstill im Krankenhaus. Plötzlich heulen die Sirenen auf. Ich halte mir die Ohren zu, aber sie heulen weiter, höher, tiefer, kneifen, nagen, schmerzen in meinen Ohren. Rennen höre ich auf der Treppe, Stolpern, Schlurfen, Laufen. »Beeilen Sie sich.« – »Stehen Sie auf.« – »Alle Patienten in den Keller.« – »Schnell!« Die Sirenen heulen. Scheinwerferlicht jagt über mich, rast durchs Zimmer, viele helle Streifen, das sind die Lichter der Flak, die die Bomber am Himmel suchen.

»Halt! Ich bin auch noch hier!«, rufe ich. »Tür aufmachen! Nehmt mich mit! Hallo! Ich will auch in den Keller!«

Ich höre das Brummen der Motoren. Am ganzen Körper zitternd kauere ich in einer Ecke, halte meine Arme, die Beine fest. Zu rufen brauche ich nicht mehr, keiner würde mich hören, alle sitzen im Keller, die Bomber sind da, die Sirenen gellen im Ohr. Wenn eine Bombe fällt, verbrenne ich. Ich höre ein Pfeifen, so klingt es, wenn die Bomben fallen, ich höre Krachen, Explosionen, die Fensterscheiben beben. Ich zittere, ich rufe doch: »Hilfe! Hilfe! Ich bin noch hier! Holt mich raus!«, bis ich völlig erschöpft bin. Das Zeichen zur Entwarnung höre ich nicht mehr.

Dann steht eine Krankenschwester vor mir. Draußen ist es hell. Ich hocke auf dem Boden in derselben Ecke wie nachts, die Tür steht offen. Die Krankenschwester richtet mein Bett, in dem ich nicht geschlafen habe.

Jetzt! Ich renne, renne los über den Gang, zur Treppe, hinab, zwei Absätze, da schnappt mich Doktor Rothmaler, der gerade hochkommt. Er schlägt mich links, rechts, links, rechts mit der Hand, tritt mich links, rechts durch den Flur und lässt mich ausziehen und ans Bett binden, nackt. Fixieren heißt das. Jeden Fuß, jede Hand in eine Lederschlinge, eine Decke drüber.

»Bitte lassen Sie mich doch gehen«, sage ich

zu dem Arzt. »Ich habe wirklich keine Bauchschmerzen.«

Doktor Rothmaler lacht nur und geht.

Den ganzen Tag starre ich an die Decke. Ab und zu fragt mich ein Krankenpfleger, ob ich was brauche. Er hat gesagt, ich soll Onkel Cord zu ihm sagen. Er ist der Oberpfleger der Männerstation.

Ich sage: »Kannst du meinen Eltern Bescheid sagen, dass ich hier bin?«

Er hält den Zeigefinger an die Lippen und nickt. »Sie wissen es schon«, flüstert er.

»Kommen sie?«

»Bestimmt.«

Mein lieber Blitz, wenn du hier wärst! Würde ein Hund den anderen so quälen, wie die Menschen es tun? Ich weiß nur eins: Nichts stimmt. Glauben die Erwachsenen wirklich, dass wir nicht merken, wenn sie lügen?

Am nächsten Tag kommt Onkel Cord mit einem Rasiermesser. Ich denke, jetzt geht es mir an den Kragen, ich winde mich.

»Hab keine Angst«, sagt Onkel Cord.

Ich hab aber Angst. Alles ist möglich, auch dass mir einer in den Bauch schneidet. Ich zucke zusammen, als Onkel Cord mir über den Kopf streicht.

»Ich muss dir die Haare vom Bauch abrasieren«, sagt er.

»Aber ich hab doch gar keine Haare da.«

»Doch. Jeder hat überall auf der Haut einen Flaum, manche mehr, manche weniger.«

Und er macht sich an die Arbeit. Wehren kann ich mich nicht, ich bin ja festgeschnallt. Ich halte still, er rasiert wirklich nur. Mir ist schwindlig.

Dann kommt jemand anders, hält mir was Stinkendes vor die Nase, dann weiß ich nichts mehr.

Am Abend wache ich mit Schmerzen auf, ich habe eine Wunde unter dem Bauchnabel, jetzt haben sie mir wohl den Blinddarm rausgenommen. Aber warum? Ich zermartere mir den Kopf, nichts hellt sich auf, ich versteh es einfach nicht. Festgebunden bin ich nicht mehr. Ich könnte sowieso nicht flüchten, ich kann nicht laufen, auch nicht schlafen, der Schnitt im Bauch brennt und zerrt, die getrockneten Tränenspuren an den Schläfen jucken. Ich habe diesen Riesenkloß im Hals: Wenn ich meine Eltern nie wieder sehe?

Am nächsten Tag höre ich die Stimmen der Schwestern. Eine sagt laut, wahrscheinlich ruft sie es die Treppe hinab: »Ich geh mal den Kleinen waschen.«

Eine andere Stimme ruft zurück: »Ach, wieso denn? Sie sind doch Dreck gewöhnt.«

Schon öffnet sich die Tür. Eine Schwester sagt: »So, mein Schatz, ich werd dich mal waschen.«

Sie hat eine Schüssel mit Wasser und einen Lappen mitgebracht. Das Wasser ist warm und die Schwester ist sehr vorsichtig, ruckelt nicht an mir herum, die Wunde tut ja noch weh bei jeder Bewegung. »Ich heiße Schwester Annika«, sagt die Frau und fragt: »Hast du gut geschlafen?«

Ich kriege kein Wort raus, nicke nur, denn es tut so wohl, dass mich jemand fragt, ob ich gut geschlafen habe.

Später kommt noch Onkel Cord und setzt sich an mein Bett. »Na, kleiner Mann«, sagt er, »das Schlimmste hast du geschafft.«

»Wie lange tut mir denn der Bauch noch weh?«

»In ein paar Tagen ist alles vorbei.« Er hält meine Hand und streichelt sie.

»Ist heute Nacht wieder Bombenalarm?«, frage ich.

»Das kann ich nicht vorhersehen, Josef.«

»Warum ist die Sirene hier auf dem Dach?«

»Weil das Krankenhaus ein öffentliches Gebäude ist. Da sind immer die Sirenen angebracht.«

»Werden wir den Krieg bald gewinnen?«

»Ja«, sagt Onkel Cord lächelnd. »Wir haben den Sieg schon in der Tasche.«

»Aber die Bomber, die hier rüberfliegen, sind doch Feinde.«

»Na ja, eben«, sagt er. »Aber nicht, dass du den anderen auch so viele Fragen stellst.«

»Sag doch gleich, ich darf mit keinem drüber reden.«

Onkel Cord drückt meine Hand. »Das meinte ich. Du kennst das schon, nicht?«

Ich nicke.

Irgendwann fängt Onkel Cord an mich vormittags und nachmittags abzuholen. Er sagt, ich muss laufen üben, weil ich bald rauskomme. Und ich bin ziemlich klapprig auf den Beinen. Besonders das Treppensteigen ist anstrengend und die Wunde zieht bei jedem Schritt. Ich hake mich bei Onkel Cord unter und so gehen wir zweimal am Tag einen Absatz runter und wieder hoch und zwei- oder dreimal den Gang auf und ab.

»Treppensteigen ist wichtig«, sagt Onkel Cord. »Das musst du können.«

Wenn ich allein bin, laufe ich auch im Zimmer auf und ab, ich übe, sooft ich kann.

Die Tür ist offen – und mein Vater steht im Zimmer. Er verschwimmt sofort vor meinen Augen, dann höre ich meine Stimme: »Wo wart ihr denn?«

Sehr laut erscheint sie mir, ungewohnt, anders als an den Tagen, an denen ich ins Zimmer hineingesprochen habe, gegen die vier Wände, nur für meine eigenen Ohren. Vati hält mich umarmt.

»Wo wart ihr denn? Warum habt ihr mich nicht rausgeholt? Ich war so allein hier.«

Die Wunde brennt. Ich hebe mein Nachthemd und zeige sie Vati. Zwei schwarze Fäden halten den kleinen Schnitt unterhalb des Bauchnabels zusammen.

»Guck mal, was sie mit mir gemacht haben.«

»Mein armer Schatz. Jetzt hast du es bald hinter dir.«

»Ich hab immer Angst gehabt und ihr wart nicht da. Beim Bombenalarm durfte ich nicht mit in den Keller. Hier auf dem Dach ist die Sirene, die ist so laut, dass ich es nicht aushalten kann. Ich hab immer auf euch gewartet. Jeden Tag. Habt ihr mich nicht mehr lieb?«

Vati hebt mich auf seinen Schoß, wie ein kleines Kind hält er mich, ich lege meinen Kopf auf seine Schulter.

»Natürlich haben wir dich lieb«, sagt er. »Wir haben immer an dich gedacht. Bubi, glaub mir, ich war ein paar Mal hier, aber sie haben mich nicht reingelassen. Er verträgt noch keinen Besuch, haben sie gesagt. Das ist zu anstrengend für ihn. Aber jetzt bin ich ja da.«

»Und wo ist Mutti?«

»Sie kommt vielleicht morgen. Aber nur vielleicht.«

»Ich will nach Hause. Ich komme mit dir mit.«

Ich klettere vorsichtig von Vatis Schoß, humple zum Bett. Mir fällt ein, dass ich gar keine Anziehsachen habe, ich kann doch nicht im Nachthemd draußen rumlaufen.

Vati setzt sich neben mich. »Ich darf dich leider nicht mitnehmen«, sagt er. »Du musst erst ganz gesund werden.«

»Aber ich bin doch gesund.«

»Ja, Bubi. Richtig laufen kannst du aber doch noch nicht. Und die Fäden werden erst morgen gezogen. Keine Angst, wenn die Wunde geheilt ist, holen wir dich.«

So, wie er es sagt, kriege ich natürlich Angst, dass sie mich nicht holen. Ich starre ihn an. Er kramt in der Tasche, die er mitgebracht hat, und zieht Bimbo heraus. Ich schließe ihn in die Arme, werde aber wieder misstrauisch.

»Hast du ihn mitgebracht, weil ich noch lange hier bleiben muss?«

»Aber nein.« Vati legt seinen Arm um mich, ich spüre seinen Herzschlag. So sitzen wir lange da, eine mir endlos erscheinende Zeit. Ich stelle mir vor, dass Blitz neben meinem Bett liegt, meine Hand hängt herunter und krault seinen Kopf. Blitz lässt niemanden an mich heran. Mir tut nichts weh, ich liege nur auf dem Bett, weil es nichts zu tun gibt. Alle haben Angst vor ihm, niemand traut sich ins Zimmer. Manchmal sieht der Arzt durch den Türspalt und verschließt die Tür sofort wieder. Ich sage zu Blitz: »Jetzt gehen wir.«

Dann rufe ich: »Hallo! Hallo! Ich muss mal aufs Klo!«

Natürlich öffnet der Arzt schnell die Tür und

denkt, er könne mich rausziehen und den Hund einsperren. Aber Blitz ist schneller, er springt zur Tür und beißt den Arzt in den Arm. Der lässt mich los, ich renne weg, Blitz an meiner Seite. Wir rasen die Treppen hinab, keiner hält uns auf, vor Blitz haben alle Angst. Auf der Straße rennen wir weiter, bis wir unsere Verfolger abgehängt haben. Dann gehen wir nach Hause.

Aber ich liege ja mit einer Wunde im Bauch im Bett und Blitz ist tot.

»Woran denkst du?«, fragt Vati.

Da wird die Tür aufgerissen. »Die Besuchszeit ist zu Ende. Bitte gehen Sie!«, sagt eine Schwester.

»Nicht gehen, Vati.«

Er erhebt sich langsam. »Ich muss doch, mein Liebling.«

»Dann nimm mich mit.«

»Das geht auch nicht, das weißt du doch.«

»Ich glaube, ihr mögt mich nicht mehr. Ihr wollt mich nicht mehr haben.«

»Bubi, viele Dinge müssen jetzt sein, damit wir später zusammen sein können. Das verstehst du noch nicht. Es gibt vieles, wobei wir hilflos sind.«

Ich lege mich vorsichtig mit Bimbo ins Bett. Vati öffnet noch einmal die Tasche und hält mir eine Brotdose hin. Ich nehme sie nicht, also steckt er sie unter mein Kopfkissen.

Er küsst mich und flüstert: »Es wird bestimmt bald besser, daran musst du fest glauben.«

Ich nicke, und als er die Tür hinter sich schließt, sage ich: »Fass, Blitz!«

Und Blitz schießt durch die Tür, packt mit dem Maul Vatis Hand und bringt ihn zurück. Aber weil Blitz eben nicht da ist, drücke ich Bimbo an mich, die Glöckchen seines Kopfschmucks klingeln leise. Verzeih mir, Blitz, dass ich den Beißkorb gelöst habe. Und du, Bimbo, du armer Elefant, du musst ganz allein im Bett liegen, haben sie dir auch den Bauch aufgeschnitten, obwohl du vorher ganz gesund warst? Dann rufe ich: »Ihr Arschlöcher, ihr Schweine!« Das mache ich öfter, ich schreie alle Schimpfwörter raus, die ich kenne, so wie wir es früher mit den Schillerstraßenkindern gemacht haben. Ich glaube, manchmal steht jemand vor der Tür und lauscht.

Am Abend öffne ich die Brotdose. Ein großes Stück süßes Kürbisbrot ist darin, ich esse es im Dunkeln. Das Licht darf nicht anbleiben, weil am Fenster kein schwarzes Rollo ist. An der Lampe ist auch keine schwarze Pappe, die den Lichtstrahl nach unten richtet.

Zu Hause haben wir immer im Radio erfahren, ab wann verdunkelt werden muss. Heute habe ich wenigstens Bimbo bei mir. Igendwann schlafe ich ein.

Wer reißt an Bimbo? Festhalten muss ich ihn.

Da stehen Hartmut und Werner lachend vor mir und reißen an Bimbo. Der Wilde ist auch da mit seinem Stock und schlägt und schlägt und schlägt. Die Tür steht offen. Ich renne. Raus hier! Bimbo im Arm. Hartmut hinter mir her, Werner und der Wilde auch. Die Sirenen heulen. Bombenalarm, meine Tasche, mit Mutti und Vati in den Keller. Wo ist Mutti? Runter will ich, raus, aber es gibt nur eine Treppe, die führt nach oben, diese Treppe nimmt kein Ende, höher, höher, ich kann nicht mehr, warum führt die Treppe hoch, nicht aufgeben, da oben ist ein Licht, ich stolpere und wache auf.

Die Sirene heult, das Motorenbrummen ist da, das Licht sind die »Christbäume«, die grünen Lichter der Leuchtbomben beim Explodieren, mit denen das Gebiet für die Bomber markiert wird. Ich schreie nicht mehr an der Tür, ich weiß ja, dass mich niemand mit in den Keller nimmt. Ich rolle mich zusammen, meine Knie zittern, ich höre die Flugzeuge, wenigstens Bimbo ist bei mir. Ich höre das Pfeifen, wenn die Bomben fallen, dann ein Krachen, in meinen Trommelfellen knallt es, das Bett wackelt, ein Licht blendet mich, von der Decke fällt der Putz. Entwarnung, ich höre Feuerwehrsirenen. Mein Bauch ist feucht, ich berühre die Wunde, sie blutet. Mein ganzer Körper ist verspannt, auch der Bauch, das hat die neue, dünne Haut nicht ausgehalten. Ich lege mich auf den Rücken und rühre mich nicht mehr, die Schultern schmerzen. Bimbo tröstet mich. Diesen Angriff habe ich überlebt. So schlafe ich wieder ein. Morgens ist schon wieder Schorf auf der Wunde.

Am nächsten Abend, ganz spät, weckt mich Onkel Cord. Er hat eine Taschenlampe, den Zeigefinger hält er an die Lippen. »Sprich nicht und hab keine Angst«, flüstert er.

Ich habe Angst, aber ich sage nichts. Er gibt mir meine Anziehsachen, Schuhe und Jacke, ich ziehe mich an, den Hosenknopf lasse ich offen, weil er zu sehr drückt. Es sind meine eigenen Sachen, aber andere als die, mit denen ich von der Schule hierher gebracht worden bin. Also muss meine Mutter sie ihm gegeben haben. An der Tür steht noch jemand, Schwester Annika. Ich habe keine Angst mehr. In die eine Hand nimmt sie Bimbo, an die andere mich. Onkel Cord gibt uns ein Zeichen, wir sollen ihm folgen. Durch die Tür, noch ein Gang, ein paar Stufen, eine Tür, dann stehen wir draußen auf einer Wendeltreppe, die an der Hauswand hinabführt. Deshalb musste ich also Treppensteigen üben. Unten steht eine Frau. Onkel Cord schließt oben die Tür zur Treppe, während wir fortschleichen. Ich laufe, so schnell ich kann. Annika hat lange Beine. Wenn sie einen Schritt macht, brauche ich zwei. Es ist so dunkel, dass ich meine Füße nicht sehe. Annika schaltet zweimal kurz die Taschenlampe ein, sie hält mich fest an der Hand. Dann steigen wir in ein Auto mit drei Rädern. Am Steuer sitzt eine andere Frau, Annika kommt nicht mit. Es ist die zweite Autofahrt in meinem Leben. Einmal zum Krankenhaus hin, einmal vom Krankenhaus weg.

»Holst du mich ab? Fahren wir jetzt nach Hause?«

»Nein, Josef«, sagt Onkel Cord. Es passiert etwas Ernstes, das höre ich aus seiner Stimme, doch ich weiß nicht, was und weshalb gerade mit mir. Und dass es diesmal nicht so was Schlimmes sein kann. Aber ich will doch nur nach Hause, weiter nichts.

»Weine nicht, es wird alles gut«, murmelt die Frau.

»Warum holt ihr mich und nicht meine Eltern?«

»Deine Eltern haben uns geschickt. Sie konnten nicht selbst kommen«, sagt Onkel Cord.

»Wir sind vom Roten Kreuz«, erklärt die Frau.

Dann hält sie an, wir steigen aus. Ich mit Bimbo. Onkel Cord mit einem Koffer. Den kenne ich, mit dem sind wir bei Alarm in den Keller gerannt. Ich wage nicht zu sprechen, ich weiß schon: lautlos folgen, tun, was mir gesagt wird, keinen Krach machen, keine Fragen stellen. Die Frau nimmt Bimbo und steckt ihn unter ihren Mantel. Jetzt hört man die Glöckchen seines Kopfschmucks nicht mehr.

In einer Gartenlaube stellt Onkel Cord den Koffer ab. »Wir sind da«, sagt er.

Onkel Peter sitzt auf dem Bett. Er nimmt mich in die Arme. Die Frau und Onkel Cord müssen gehen. Ich bin so müde.

»So, Bubi«, sagt Onkel Peter schließlich, »hier wirst du eine Weile bleiben müssen. Du kannst nämlich nicht bei deinen Eltern wohnen – gestern Nacht war doch der Bombenalarm, nicht? Euer Haus ist zerstört. Deinen Eltern geht es gut, aber wohnen könnt ihr dort nicht mehr.«

Zwei Liegen stehen in dem kleinen Raum, mit bezogenen Decken und Kissen. Onkel Peter öffnet unseren Koffer und holt meinen Lieblingsschlafanzug raus, den grünrot gestreiften.

»Beim Umziehen helf ich dir. Dann legst du dich hin und schläfst. Ich bleib über Nacht hier.«

Ich sage nichts mehr, ich bin erschöpft. Bald liege ich mit Bimbo im Bett, Onkel Peter auf der Liege. Er schläft sofort ein, ich höre seinen regelmäßigen Atem. Ich darf kein Licht machen. Nicht mal die Kerze anzünden, die auf dem Tischchen am kleinen viereckigen Fenster steht. So liege ich und starre ins Dunkel. Alles kaputt. Kein Haus mehr. O Gott, das ganze Altpapier ist verbrannt, die vielen Zeitungen. So eine Verschwendung. Schade. Wenn ich das alles in die Schule gebracht hätte, vorher, dann hätte ich mein Soll übererfüllt. Vielleicht wäre der Wilde dann nicht so gemein zu mir gewesen.

Als ich aufwache, ist es hell. Onkel Peter hat den Tisch in die Raummitte gestellt und gedeckt. An der Wand steht eine Kommode, darauf eine Schüssel mit Wasser, ein Emaillekrug voll Wasser, ein Handtuch. Ich wasche mein Gesicht, das Wasser ist eiskalt. Dann ziehe ich mich an und setze mich an den Tisch.

»Gut geschlafen?«, fragt Onkel Peter.

Ich nicke. Wir frühstücken: Ersatzkaffee, Brot mit Möhrenaufstrich. Wenn der Koffer da ist und mein Schlafanzug ... und was ist noch drin? Ich stehe auf, sehe hinein. Meine Schulhefte. Die Reichsautobahn. Sogar mein Kohlenklau. Und Anziehsachen.

»Ist unser Haus wirklich kaputt?«, frage ich.

»Ja.«

»Aber die Sachen sind doch alle ganz.«

»Das ist der Koffer, den deine Eltern immer mit in den Keller genommen haben.«

»Sind sie wirklich nicht verletzt?«

»Nein, sie sind ganz gesund. Sie wohnen jetzt bei Bekannten.«

»Warum kommen sie nicht hierher? Ich bin doch ganz allein. Sie könnten ja auch mit mir hier wohnen.«

»Das Häuschen ist zu klein. Und deine Eltern müssen doch arbeiten.«

»Werden sie mich besuchen?«

Onkel Peter schüttelt den Kopf, traurig sieht er aus. »Bubi, es gibt vieles, was man heimlich machen muss«, sagt er. »Das weißt du ja. Und über vieles darf man nicht sprechen. Mehr kann ich dir leider nicht sagen, nur, dass alles in Ordnung ist. Und dass du nicht sehr lange hier bleiben musst. Gut?«

Ich zucke die Schultern. Was soll denn daran gut sein?

Nach dem Frühstück erklärt mir Onkel Peter alles. Wenn ich aufs Klo muss: auf den Topf. Wenn ich Durst habe: Wasser steht da. Hände waschen in der Schüssel. Wenn ich hungrig bin: Essen finde ich in der Kommode. Wenn ich traurig bin: malen oder mit Bimbo reden oder Rechenaufgaben lösen. Bei guter Laune nicht laut singen oder pfeifen. Keinen Krach machen. Unter keinen Umständen raus in den Garten gehen.

»Auf keinen Fall, hörst du, Bubi? Geh auch nicht ans Fenster. Du wirst nicht länger als drei oder vier Stunden allein sein. Es kommen verschiedene Leute, Freunde von deinen Eltern und mir. Sie werden mit dir Schularbeiten machen und spielen.«

»Aber warum muss ich denn überhaupt hier bleiben? Warum darf mich keiner sehen? Und warum brauch ich nicht in die Schule zu gehen?«

»Weißt du, Bubi, es ist so: In einem Gartenhäuschen darf man nicht wohnen. Das ist verboten. Keiner darf es merken. Deshalb können wir dich auch nicht anmelden, jeder braucht ja eine Aufenthaltsgenehmigung. Ohne dieses Papier kannst du nicht zur Schule gehen. Und woanders kannst du nicht wohnen. Bei den Leuten, bei denen deine Eltern sind, ist kein Platz für dich. Wenn dich also jemand hier sieht und anzeigt, dann kriegen wir alle Ärger. Das willst du doch nicht, oder?«

Dann spielen wir *Mensch, ärgere dich nicht.* Ich kann den ganzen Tag spielen und brauche nicht in der Schule zu hocken und zu büffeln, brauche nicht den Arm hochzuhalten und zu singen. Hier spielt jemand mit mir, in der Schule nicht. Ich habe die blauen Figuren. In fast jeder Runde schmeiße ich eine von Onkel Peters roten raus. Ich gewinne. Onkel Peter spielt dreimal mit mir, aber er gewinnt kein einziges Mal. Dann muss er weg.

Ich packe das Spiel ein. Es ist still. Ich gehe ans Fenster, luge durch die Gardine. Bimbo, ist dir auch langweilig? Die Wände sind aus Holz. Wenn ich nicht raus darf, wo soll ich dann hin, wenn Bombenalarm ist? Vor der Laube steht ein Baum. Die meisten Blätter sind schon abgefallen. Weiter hinten im Garten ist ein tropfender Wasserhahn. Ein Eimer steht darunter. Da platschen die Tropfen hinein. Bei hundertsiebzehn kann ich nicht mehr zählen. Manche Tropfen brauchen sehr lange, bis sie den Wasserhahn loslassen. In der Kommode liegt das Brot und der

Aufstrich in einer Schale. Der Ersatzkaffee ist in einer Tüte.

Ich höre Schritte. Hier ist alles so still, dass die Schritte so laut sind wie von einem Riesen. Veronika ist es.

»Hab keine Angst«, sagt sie.

Wie oft habe ich das schon gehört.

Sie hat Essen mitgebracht: Kartoffelsuppe. Ich habe Hunger. Nach dem Abwasch muss ich ein Diktat schreiben. Sie korrigiert es gleich. Drei Fehler habe ich bloß. Dann spielen wir Schiffe versenken, bis sie gehen muss.

Später, im Dunkeln, kommt ein Mann. Er heißt Gustav und bringt ein Rollo mit und schraubt es an. Das Fenster kann nun verdunkelt werden. Er zeigt mir, wie ich den Docht der Petroleumlampe einstellen muss, damit sie nicht raucht.

Dann geht Gustav mit mir im Dunkeln spazieren. Der Mond scheint und es ist kalt. Hier in der Laubenkolonie ist abends kein Mensch. Die meisten Männer sind an der Front und die Frauen, die Kinder, die alten Leute bleiben zu Hause, denn es leuchtet keine Laterne. Und falls es Bombenalarm gibt, wollen alle bei ihren Familien sein. Die Bäume und Büsche werfen unheimliche, fahle Schatten, schwarze Nachtriesen. Ich nehme Gustavs Hand, obwohl ich schon zwölf Jahre alt bin und ihn gar nicht kenne.

Er sagt: »Irgendwann hat alles mal ein Ende.«

Ich frage nicht, was er meint. Ich will keine Fragen mehr stellen. Die Erwachsenen lügen alle. Oder sie antworten nicht richtig. Das ist schon immer so gewesen. Früher haben sie gesagt: Nicht vor dem Kind! Und: Bubi, geh in dein Zimmer spielen. Und: Das verstehst du noch nicht. Das können wir dir nicht erklären. Erst, wenn du groß bist. Frag nicht so viel. Sei nicht so neugierig. Oder einfach: Josef, lass man.

Jetzt ist Krieg, schon fünf Jahre, und ich wohne allein in einer Gartenlaube und weiß nicht, warum. Gustav übernachtet bei mir. Vielleicht sind meine Eltern gar nicht mehr am Leben und keiner sagt es mir. Wenn sie im Keller saßen und das Haus zusammengebrochen ist und sie begraben hat? Wie soll denn da einer rauskommen? Es kann nicht der Bombenkoffer sein, den ich hier habe. Sie schleppen doch nicht meine Anziehsachen und die Reichsautobahn, meine Schulbücher und den Kohlenklau zwei-, dreimal pro Nacht die Treppen runter und wieder rauf. Vielleicht ist ihnen was passiert. Bevor ich noch trauriger werden kann, heulen die Sirenen auf.

»Gustav, Gustav!«, rufe ich in den kleinen Raum.

Dann spüre ich ihn neben mir, er legt seinen Arm um meine Schultern. »Sei ganz ruhig«, sagt er. »Die werfen keine Bombe auf uns. Hier gibt es nur Gärten und Wald.«

Aber ich höre die Motoren, das Pfeifen, ich verkrampfe mich, ich zittere.

»Halt dir die Ohren zu«, sagt Gustav. »Mach den Mund auf und schreie, wenn die Bomben explodieren.«

Es kracht, die Laube wackelt, dass ich denke, sie bricht zusammen, beide fallen wir hin, die Hände auf den Ohren, wir schreien und hören uns gegenseitig nicht, so ein Getöse ist draußen. Wie viele Bomben explodieren da? Sirenen und Feuerwehrsirenen. Motoren, Entwarnung.

»Das sind die Werkssirenen von den Siebel-Flugzeugwerken«, sagt Gustav. »Die Bomben haben die Fabriken getroffen. Die sind hier ganz in der Nähe, deswegen hören wir alles. Jetzt brennt's da.«

»Warum mussten wir schreien?«

»Damit uns nicht die Trommelfelle platzen von der Druckwelle, die durch die Explosionen ausgelöst wird.«

Am nächsten Morgen scheint die Sonne.

Gustav muss nach dem Frühstück gehen. Ich soll malen. Nun sitze ich am Tisch, es gibt nur die Geräusche, die ich selbst mache. Ich male schwarze Flugzeuge, die über Feuer fliegen. Die Buntstifte sind laut. Draußen zwitschern Vögel, aber ich darf das Fenster nicht öffnen, damit keiner sieht, dass hier jemand wohnt. Ich glaube, ich höre das Blut in meinen Adern fließen.

Das Mittagessen bringt Onkel Peter. Warmer Kartoffel-Steckrüben-Salat und Apfelsaft.

»Onkel Peter? Stimmt es wirklich, dass unser Haus zerbombt ist?«

»Aber ja, Bubi.«

»Wieso ist denn dann mein Spielzeug hier? Das ist doch viel zu schwer um es bei Alarm in den Keller zu schleppen.«

»Das haben deine Eltern aber für dich gemacht.«

Ich muss es wohl glauben. Onkel Peter kann nicht lange bleiben. Ich bin wieder allein. Einmal um den Tisch herum – zwölf Schritte. Ohne Stühle. Mit Stühlen sechs Schritte mehr.

An der Decke und den Wänden sind sieben Spinnennetze. Meine Augenlider haben ein ziemliches Gewicht. Ich sehe meine Nase. Jemand kommt. Herr Rüllemann. Ich falle in seine Arme. Alles, was war, erzähle ich ihm. Er nickt. Ich glaube, er weiß schon alles.

»Und in der Schule?«, frage ich.

»Was meinst du?«

»Hat jemand was gesagt?«

»Nein, Josef ... An dem Tag habe ich den Unterricht abgebrochen, am nächsten haben sich gleich ein paar Eltern beschwert, das sei doch kein Grund, Unterricht ausfallen zu lassen.«

Von nun an kommt Herr Rüllemann einmal in der Woche und lernt mit mir. Mein erster Aufsatz hat die Überschrift: »Was ich mal werden will.«

Ich möchte später mal Kindern helfen, die keine Eltern haben. Und ich möchte selbst Kinder haben, aber nur, wenn sie blond werden.

Über Nacht kommt wieder Gustav. In der Laube ist es kalt. Ich darf erst ab fünf Uhr heizen, wenn es dunkel wird, damit niemand den Rauch sieht. Am Tag sitze ich am Tisch und spiele, male oder esse; oder ich liege auf dem Boden, wenn ich mit dem Stabilbaukasten spiele; oder ich stehe stundenlang am Fenster, wenn ich warte, dass jemand kommt; oder ich liege auf dem Bett und warte da. Ich warte, bis mir Arme und Beine wehtun, weil sie nur warten und bloß abends ausgeführt werden wie ein Hund. Wenn ich mich ins Bett lege, kann ich nicht mehr aufstehen, weil es im Zimmer so kalt ist. Onkel Peter reibt mir immer die Finger und macht mit mir um die Wette Kniebeugen. Danach geht es eine Weile.

Das nächste Mal bringt Onkel Peter mir warme Sachen mit. Ich hole einen Pullover aus der Tasche und ziehe ihn gleich über. Den hat Mutti gestrickt. Der ist von zu Hause.

Onkel Peter hat keine Zeit, er muss gleich wieder weg. Ich bin wütend. Wenn das Haus eingestürzt ist, wie kann Mutti mir dann warme Sachen von zu Hause schicken? Die wären doch alle verbrannt oder unter den Trümmern. Ich habe es satt in diesem Gefängnis, ich gehe jetzt nach Hause. Das erste Mal öffne ich die Tür des Häuschens selbst. Ich mach einfach auf und geh weg. Rennen. Rennen. Einen schmalen Pfad zwischen Gärten entlang, immer weiter, ich gehe nach Hause, alle lügen mich an, jetzt glaube ich nichts mehr. Ich renne, bis es nicht mehr geht. Vor mir ist ein Zaun, so lang, wie ich noch keinen Zaun gesehen habe. Doch. Plötzlich erinnere ich mich an den Tag, als ich mit Veronika schwimmen gegangen bin. Dahinter stehen Baracken, da wohnen Menschen drin. Nur Frauen, glaube ich. Es kommen zwei an den Zaun, ich erschrecke, denn sie sind schmutzig, sehr dünn, mit Kitteln bekleidet. Ich gucke sie an, sie mich, ich winke. Sie drehen sich immerzu ängstlich um, sie sprechen eine andere Sprache, sie tun so, als knabberten sie an ihren Fingerkuppen. Ich schüttle den Kopf, ich habe nichts zu essen für sie.

Ein Mann kommt, ich sehe bloß die Uniform von weitem und renne zurück. Wenn ich auch vieles nicht weiß, eins weiß ich gewiss: Uniformen bedeuten für mich nichts Gutes. Ich laufe Gustav in die Arme.

»Was fällt dir ein abzuhauen? Ich hab dich lange gesucht«, sagt Gustav leise und wütend. »Hat dich jemand gesehen?«

»Nein, glaub nicht«, brumme ich und sage: »Ich will wissen, warum ihr mich anlügt. Mein Pullover ist aus dem Kleiderschrank zu Hause.

Das Haus ist nicht kaputt. Ich will nach Hause zu Mutti und Vati. Hier bleibe ich jedenfalls nicht mehr, hier ist es beschissen.«

»Du musst hier bleiben«, sagt Gustav sanft. »Wir kümmern uns doch alle um dich.«

»Nein. Wenn du weggehst, haue ich wieder ab. Ihr habt gelogen. Und wenn du die Tür abschließt, klettere ich aus dem Fenster.«

Gustav reibt sich die Stirn, seufzt und schweigt. Nach einer Weile schöpft er die Suppe in die Teller, dann sagt er: »Mach das mit deinem Vater ab. Er wird herkommen, mach das mit ihm ab. Bis dahin bleibst du mir aber hier und läufst nicht noch mal weg, versprochen?«

Ich verspreche es.

Am nächsten Tag kommt mein Vater tatsächlich. Er setzt sich, nimmt meine Hand und antwortet auf keine meiner Fragen. Böse ist er auch nicht, er schimpft kein bisschen.

»Ich will aber nach Hause zu euch, bitte, Vati.«

»Bubi, das geht nicht. Ich sag dir nur eins, mein Junge: Mach das nicht noch mal, lauf nie wieder weg. Sonst wird es für uns alle gefährlich. Wir haben dich doch heimlich aus dem Krankenhaus geholt, die Ärzte wollten dich nicht rauslassen. Hab noch etwas Geduld, bald wirst du frei sein. Dann erkläre ich dir mehr.«

Ich bin also versteckt. Ich verspreche dazubleiben. Fragen stelle ich nicht, ich fürchte mich vor falschen Antworten.

1945

Onkel Peter ist heute dran mit dem Dienst bei mir. Er sagt ohne die Jacke auszuziehen: »Du musst jetzt für kurze Zeit allein bleiben, Bubi.Verlass auf keinen Fall das Haus, hörst du?«

Es nieselt. Draußen bewegt sich nichts. Ich friere, obwohl ich zwei Paar Strümpfe anhabe. In meinem Arm steckt Bimbo. An seinem Kopf sind immer noch Spuren von Blitz' Zähnen. In meinem rauscht es, die Gedanken haben eine laute Stimme, die Zeit vergeht nicht. Draußen wird es dunkel, so wie jeden Tag. Wie viele Tage bin ich schon hier? Wo bleibt Onkel Peter? Auf keinen Fall soll ich raus. Aber wenn ich ihn suche, ist es doch kein Weglaufen. Ich stehe an der Tür, die Hand an der Klinke. Weglaufen will ich nicht, ich habe es versprochen. Ein bisschen warte ich noch. Ich mag die Stille nicht mehr hören, ich will Stimmen. Die Tür knarrt ein wenig. Ich suche den Garten ab. Onkel Peter ist nicht da. Hinten, von Büschen verdeckt, steht ein Geräteschuppen, nichts ist zu hören als das müde Fallen des Regens auf das modernde Laub. Die Tür ist angelehnt, ich trete ein.

»Da bist du ja, Onkel Peter. Ich habe auf dich gewartet.Ich war so allein.«

Onkel Peter sitzt auf einem ausrangierten Sessel, er schläft. Ich berühre seinen Arm.

»Onkel Peter, kommst du mit?«

Er wacht nicht auf, bewegt sich nicht, atmet nicht. Er ist tot. Mein Herz klopft, dass ich kaum Luft bekomme, mir wird schwindlig, aber ich bleibe stehen auf zwei Füßen, zwei Beinen. Ich bin warm. Onkel Peter ist lau.

Dann wanke ich zurück ins Häuschen, lege mich mit Bimbo aufs Bett und warte.

Gustav weckt mich. »Was ist denn los, dass du jetzt schon schläfst?«

Da erst weine ich.

»Was ist denn bloß los?«, fragt Gustav noch einmal.

»Onkel Peter ist draußen im Schuppen.«

»Warst du dort?«

Ich nicke. Gustav geht nachsehen, er hat nicht mit mir geschimpft. Es dauert eine Weile, bis er zurückkommt. Weiß ist er im Gesicht und geht gleich wieder weg. Ich muss warten und denke immerzu, dass ich nie mehr auf Onkel Peter warten kann.

Als Gustav zurückkommt, ist es draußen

dunkel. Veronika und eine andere Frau sind mitgekommen, meine Sachen stehen gepackt im Zimmer.

»Darf ich jetzt nach Hause?«

»Nein«, sagt Veronika, »das geht nicht. Wir bringen dich woanders hin.«

Bevor wir gehen, sucht Gustav noch mal alles ab, ob wir nichts vergessen oder übersehen haben. Ein Teil von meinem Baukasten findet er, weiter nichts. Ich friere, weil es kalt ist, weil ich müde bin und traurig.

Gustav geht nicht mit. Die Frauen bringen mich sehr weit weg. Wir laufen, fahren mit einem Auto, laufen bis zu einem anderen Garten. Ich hatte doch den ganzen Weg gehofft, sie würden mich nach Hause bringen.

Das Häuschen im neuen Garten ist aus Stein.

»Hier hast du es ein bisschen wärmer«, sagt Veronika. »Hier zieht's nicht durch alle Ritzen.«

Alles geht von vorn los. Jeden Tag bringt mir jemand Essen, spielt jemand mit mir, gibt mir jemand Rechenaufgaben oder einen Aufsatz auf, schläft jemand bei mir. Ich vermisse Onkel Peter. Warum ist er gestorben? Wenn ich allein bin, zerbreche ich mir den Kopf darüber. Und ich erinnere mich an alles, was Onkel Peter mit mir gespielt hat. Ich denke daran, wie gut er gerochen hat. Auch deshalb habe ich so gern mit ihm gekuschelt. Manchmal glaube ich, gleich geht die

Tür auf, er kommt rein und sagt: »Na, Bubi?« Aber er kommt nie mehr.

Das einzige Gute hier im Häuschen ist, dass ich bei Alarm im Bett bleiben kann. Ich rolle mich ein und denke an Mutti und Vati. Ob sie noch leben. Ob sie überleben. Ob sie im Bunker sitzen oder im Keller bei den Leuten, wo sie wohnen. Oder Vati im Luftschutzkeller der Fabrik. Ich will sie wiederhaben. Ich brauche sie.

Veronika und Gustav übernachten abwechselnd bei mir. Tagsüber kommen oft noch andere. Zum Beispiel Margi. Ich warte auf sie mit großem Hunger. Dann ist sie da mit einem Topf Suppe für uns beide. Mehlsuppe mit ein paar Radieschen drin.

»Wenn du weg bist, habe ich wieder Hunger«, sage ich. Das Essen, das sie bringen, reicht immer seltener um satt zu werden.

»Du darfst nicht dran denken«, sagt Margi. »Es ist nicht mehr viel zu haben in den Geschäften, es ist für alle zu wenig. Alle haben Hunger.«

Sie hat eine Überraschung für mich: selbst gebackenes Brot aus Kartoffelschalen, Haferflocken und einem bisschen Mehl. Weil man kein Backpulver bekommt, ist es Knäckebrot geworden.

»Aber iss nicht alles heute. Es muss noch morgen für das Frühstück reichen.«

Draußen wird es Frühling. Ich habe schon ewig keine Sonne mehr gerochen. Ich werde ja immer noch nur im Dunkeln ausgeführt. Auch hier muss ich mich vom Fenster fern halten.

»Manchmal kommen Tiefflieger«, sagt Margi. »Die schießen auf alles, was sich bewegt. Also zeig dich nicht am Fenster.«

Nach dem Essen spielen wir Schummellieschen, bis Margi gehen muss. Ich warte auf den Nächsten. Diese Stunden machen mich mürbe. Manchmal habe ich auch Angst, dass gar keiner mehr kommt und sie mich vergessen haben. Ich habe mir einen Freund ausgedacht. Er heißt Jan, er mag mich und spielt mit mir, er ist so alt wie ich. Blaue Augen hat er und braune Locken.

Manchmal flimmern die Lampe oder der Tisch vor meinen Augen, verschwimmen. Ich glaube, ich kann bloß noch sieben Schritte weit sehen. Weiter schaffen es meine Augen nicht mehr, weil dann immer eine Wand kommt. Denn durch die Gardine nach draußen zu gucken macht ja keinen Spaß. Und zur Seite schieben darf ich sie nicht. Damit ich das Sprechen nicht verlerne, rede ich mit Jan. Ich sehe ihn am Tisch sitzen. Seine Augen leuchten.

»Jan, glaubst du, ich sehe Mutti und Vati wieder? ... Du meinst, wir haben es bald geschafft? ... Ja, vielleicht hast du Recht, jeden Tag kommen Flugzeuge, keiner kann sie vertreiben, keiner hat sie aufgehalten.... Jan? ... Spielst du mit mir? ... Mit der Reichsautobahn ... Gut.... Du darfst anfangen.«

Manchmal knalle ich alles hin, die Autobahn, die Autos, den Baukasten, die Spielkarten.

Alles, was ich tun möchte, ist gefährlich für mich.

Warum lebe ich überhaupt? Bin ich bei Onkel Peter, wenn ich sterbe? Jan weiß auch keine Antwort darauf.

Gustav bringt Hefesuppe mit Zwiebeln. »Halt noch aus«, sagt er, als er mein Gesicht sieht. »Der Krieg ist bald vorbei.«

»Woher weißt du denn das?«

»Das weiß jeder. Die Amerikaner und die Russen sind schon in Deutschland.«

»Verlieren wir denn den Krieg?«

»Natürlich.«

Gustav sieht gar nicht traurig aus oder so, als fände er es schade. In der Schule hat der Wilde gesagt, wer verliert, muss alles machen, was der Gewinner sagt, deshalb muss man kämpfen bis zum Sieg. Aber einer muss ja verlieren.

»Darf ich dann hier raus und weg von hier?«

Gustav nickt.

Ich höre aus allen Richtungen Schießen und bleibe im Bett. Es kann ja immer ein Querschläger durchs Fenster schlagen. Ich sehe auch Feuer am Himmel, tags den Rauch, nachts die Flammen. Wenn das Feuer bis zu mir kommt, dann laufe ich weg. Mit Jan. Bimbo nehme ich auch mit.

Heute schläft Veronika bei mir. Wir sagen uns Gute Nacht und schlafen nicht. Die Artillerie schießt die ganze Nacht. Am Morgen hören wir nichts mehr.

Nach dem Frühstück geht Veronika. Ich warte wieder. Die Sonne scheint, am Baum im Garten sind die Knospen schon dicker geworden.

»Jan, geh mal raus, klettre mal auf den Baum!«

Jan geht, ich brauche ihm nicht die Tür aufzumachen, er kommt auch so raus. Er klettert für mich auf den Baum. Ich winke ihm.

Plötzlich steht jemand vor mir und winkt zurück. Ich schlottere, meine Zähne klappern. Der Mann tritt ein, riesig, in Uniform, mit Gewehr, er hat ganz schwarze Haut. Noch nie habe ich jemanden mit so schwarzer Haut gesehen. Er sagt was, ich versteh aber nichts. Er beugt sich zu mir runter, ich zucke zurück. Jan, hilf mir!

Der Mann schenkt mir Fliegerschokolade und sagt: »Ich bin dein Freund. Keine Angst.«

Schon wieder höre ich das. Bei ihm klingt es so: »Köine Ongst. Nazi kaputt. Du bist frei.«

»Keine Angst«, verstehe ich, klar, aber »Nazi kaputt, du bist frei«?

Ist der Krieg aus? Kann man Nazis kaputtmachen?

»Isch haiße Birl«, sagt er und zeigt auf sich.

Ich stolpere zurück, beinah wäre ich über meinen Baukasten gefallen.

»Köine Ongst, köine Ongst. Isch haiße Birl. Birl! Du haißt?«

»Bubi. Ach nee, Josef.«

»Bubiachneejosef.«

»Nein. Josef. Josef heiße ich.«

Wir setzen uns nebeneinander aufs Bett. Ich soll ihm sagen, wie die Gegenstände im Zimmer auf Deutsch heißen. Er sagt die Wörter nach. Sein Gewehr lässt er nicht einmal los, während er sein Hemd aufknöpft um mir zu zeigen, dass sein Bauch auch schwarz ist.

Gustav kommt rein und fällt vor Schreck fast zurück.

»Komm, Gustav.« Ich gehe zu ihm und nehme ihn an der Hand. »Er hat gesagt, köine Ongst.«

Gustav lächelt, Birl lächelt zurück und nimmt die Hand von der Waffe. Er darf mitessen. Kohlrübensuppe. Zum Trinken Wasser. Wenn Birl nicht da wäre, hätten wir mehr Suppe.

»Warum ist Birl denn hier, Gustav?«

»Wir sind jetzt amerikanisch. Nun kommt der Frieden bald.«

»Darf ich dann zu Mutti und Vati?«

»Ja, Bubi.«

»Heute?«

Gustav hebt mich auf den Schoß. Zwar bin ich schon groß, aber ich lasse es mir gefallen. Er schließt die Augen und öffnet sie wieder, lacht, seufzt und sagt: »Ja.«

Mir wird schwindlig vor Freude. Ich kann gar

nicht mehr essen, obwohl ich so hungrig war. Jetzt bin ich viel zu aufgeregt.

»Jan, du darfst mitkommen«, sage ich so leise, dass es die anderen nicht hören.

Wir packen alles ein. Es klopft, noch ein amerikanischer Soldat kommt. Und noch einer. Das erste Mal, dass die Tür offen bleibt. Luft weht rein. Dann – langsam, vorsichtig – mache ich meinen ersten Schritt in den Garten. So hell ist es. Ich blinzle, kann nicht gucken, muss mir die Augen zuhalten. Und so viel Himmel. Bis sich meine Augen an das Licht gewöhnt haben, dauert es eine Weile. Alle sehen mir zu. Aber hochgucken, dazu ist es zu hell, das schaffen meine Augen nicht. Ich kann auch nicht mehr warten, ich gehe gleich in die Hütte zurück und nehme Bimbo auf den Arm. Ich will nur zu meinen Eltern.

Dann gehen wir endlich. Gustav nimmt meine Hand und drückt sie. Ich drücke zurück.

Gustav, der Koffer und eine Tasche, Bimbo, Jan und ich, die beiden Soldaten und Birl fahren im Jeep. Gustav erklärt ihnen den Weg. Ich denke an Onkel Peter, wie er sich jetzt gefreut hätte und wie er darauf gewartet hat, dass der Krieg aus ist.

An jeder Ecke stehen Panzer. Auf dem Rathaus weht die amerikanische Flagge. Etwas ist komisch in der Stadt. Ich sehe Trümmer, Ruinen und lange Schlangen vor den Geschäften. Aber das ist es nicht.

»Gustav, hier sind ja gar keine Fahnen. Wo sind denn die Fahnen alle?« Vorher hingen in jeder Straße die roten Fahnen mit dem Hakenkreuz aus den Fenstern.

Gustav lacht und sagt: »Die haben die meisten Leute verbrannt.«

»Warum denn?«

»Weil jetzt alle gegen die NSDAP sind.«

Ach so. Aber es sieht wirklich ungewohnt aus. Ich erkenne die Straßen. Die Wielandstraße, die Schillerstraße. Und auch die Hardenbergstraße. Mir bleibt die Luft weg. Alles dreht sich. Mein Herz pocht. Alle Häuser stehen. Auch unseres ist fast unversehrt. Mir wird schwarz vor Augen. Dann war ich die ganze Zeit allein und Vati und Mutti haben zu Hause gewohnt.

Die Soldaten, Gustav und ich stehen vor der Tür. Mutti macht auf, wir umarmen uns, danach drückt mich Vati sehr fest. Gustav steht dabei. Ich bin so enttäuscht, ich würde am liebsten mit Gustav zurückgehen.

Die Soldaten durchsuchen die Wohnung nach Abzeichen und Waffen. Aber sie finden nichts. Birl und die beiden anderen geben uns allen die Hand und gehen.

Alles ist da, jedes Zimmer, die Möbel, die Betten. Meine Eltern haben mich belogen. Gustav will gehen, aber ich lasse ihn nicht.

Mutti macht was zu essen. Wieder Suppe.

Aber zur Feier des Tages kriege ich ein Ei. Nur ich, mehr gibt's nicht.

Nach dem Essen geht Gustav doch. Er küsst mich.

»Ihr habt gelogen.«

Was anderes kann ich nicht sagen. Wir sitzen in der Küche, Vati auf demselben Stuhl wie früher, Mutti auf demselben Stuhl wie früher, ich auf meinem alten Stammplatz. Derselbe Tisch, dieselben Gardinen, die Töpfe, die Gläser, der Küchenschrank.

»Ihr habt gelogen.«

Eine Fensterscheibe ist kaputt. Sonst gibt es keine Schäden. Fünf Monate war ich allein.

»Ihr habt gelogen«, sage ich. »Das Haus ist gar nicht zerbombt, nicht mal zerschossen. Warum musste ich weg?«

»Bubi«, sagt Mutti – genauso wie vorher. Sie sieht auch noch genauso aus, sie war nicht krank und nicht verreist.

»Kein einziges Mal habt ihr mich besucht, ich habe immer auf euch gewartet, jeden Tag. Onkel Peter hat gesagt, ihr könnt nicht kommen, ihr seid weggezogen, weil das Haus zerbombt ist.«

»Bubi«, sagt Mutti. »Wir konnten nicht kommen. Onkel Peter hat nicht gelogen.«

»Wir konnten nicht kommen, weil wir dich nicht gefährden wollten«, sagt Vati. »Als Onkel Peter dich aus dem Krankenhaus geholt hat, haben sie dich überall gesucht. Sie haben uns alle verhört, und besonders Onkel Peter. Wenn wir dich besucht hätten, wären wir vielleicht verfolgt worden und sie hätten dich entdeckt.«

Sogar dieselben Leute wohnen noch im Haus. Plötzlich darf Helmut Krause wieder mit mir spielen. Ich treffe ihn vor dem Haus. Wir geben uns die Hände und lachen. Er hat keine Zeit, er hat keinen Vater mehr, der ist tot. Aber bevor er geht, irgendwo Schlange stehen, sagt er: »Meine Mutter hat gesagt: ›Sieh zu, dass du dich mit dem wieder befreundest.‹ – ›Spinnst du‹, habe ich gesagt. Da sagt sie: ›Es wär aber besser.‹ Ich habe bloß Nee gesagt.«

Er kichert.

Am nächsten Tag ziehe ich morgens meine Jacke an und rufe: »Ich geh runter.« Wie vor ein paar Jahren, als ich noch unten spielen durfte.

Mutti ruft mich zurück und sagt: »Geh ruhig mal gucken, aber komm gleich wieder hoch, denn es ist noch Krieg. Nur hier in Halle vielleicht nicht mehr.«

Auf der Treppe kommt mir Helmuts Mutter entgegen. Sie ist in Schwarz gekleidet. Vor einem Jahr hat sie mich angespuckt und gesagt: »Dass einem dein Anblick noch zugemutet wird.« Dann ist sie ohne auszuweichen die Treppe runtergestiegen. Ich musste mich dicht an die Wand drücken, damit sie mich nicht anrempelte. Nun begegne ich ihr und will mich schnell an die

Wand drücken. Aber sie bleibt stehen, hält mir sogar die Hand hin. Ich zucke zusammen, aber sie schlägt mich nicht.

Sie sagt: »Was bist du denn so schreckhaft? Ich möchte dich nur begrüßen. Es ist nach dieser schweren Zeit doch erfreulich, wenn man alte Freunde wieder trifft, nicht wahr?«

Ich springe schnell die restlichen Stufen hinab und laufe nach draußen. Kein Kind ist da. Ich denke dauernd, jemand steht hinter mir und will mich hauen. Die Straße kommt mir groß vor und als sei sie voller Gefahren. Der Himmel ist so weit und blendend hell, mich ängstigt es, draußen zu sein. Ich gehe lieber wieder rauf. In unseren vier Wänden fühle ich mich sicherer.

Jeder muss jetzt seinen Ausweis bei sich haben, ich brauche auch schon einen. Von sechs Uhr abends bis sieben Uhr früh ist Ausgehverbot. Und man darf nur zweihundert Meter von seiner Wohnung weggehen. Ich stehe meist mit Mutti vor dem Lebensmittelgeschäft und hoffe, dass wir was abkriegen, falls es überhaupt was gibt für die Lebensmittelmarken.

Auf der Straße treffe ich Günter.

»Na«, sagt er, »bist du wieder da?«

Ich nicke.

»Na, und was machst du?«

Ich zucke die Schultern.

»Ich bin doch immer dein Freund gewesen«, sagt er.

Ich gehe einfach weiter. Nach ein paar Schritten fange ich an zu rennen, bis nach Hause renne ich. Am liebsten will ich gar nicht mehr rausgehen. Jetzt, wo ich darf.

Der amerikanische Radiosender sagt, Adolf Hitler ist tot. Helmut sagt, seine Mutter glaubt es nicht. Die Nachricht sei gelogen. Mutti meint, hoffentlich ist er endlich tot.

Helmut flüstert mir ins Ohr: »Sag mal Heil Hitler!«

Das darf man jetzt nicht mehr sagen. Wenn eine Frau in ein Geschäft kommt und aus lauter Gewohnheit zur Begrüßung »Heil Hitler!« sagt, dann sehen alle weg, keiner antwortet ihr, sie beißt sich auf die Lippe und sagt schnell »Guten Tag«. Vorher war es umgekehrt. Wer jetzt »Heil Hitler!« sagt, kann angezeigt werden. Wenn man jemanden nicht leiden kann, ist es leicht, ihm eins auszuwischen. Man braucht bloß zur amerikanischen Militärpolizei zu gehen und zu melden: »Der hat ›Heil Hitler!‹ gesagt.« Dann muss er zum Entnazifizierungsgericht. Manche Leute geben ihren Nachbarn Geld, damit sie aussagen, die Beschuldigten seien heimlich immer gegen die Nazis gewesen. Dann werden sie freigesprochen und kriegen einen Schein, auf dem steht, dass sie keine Nazis waren.

»Heil Hitler!«, flüstere ich in Helmuts Ohr.

Er lacht und sagt: »Zu spät. Jetzt ist er wirklich nicht mehr zu heilen.«

Helmut ist mein einziger Freund. Ilse ist nicht mehr da. Ich habe meine Mutter gefragt: »Hast du Ilse nie gesehen?«

»Nein, Bubi. Ich glaube, sie wird nie wiederkommen. Sie war ja Jüdin.«

»Wieso ... ich meine, warum soll sie deshalb nicht wiederkommen?«

»Sie ist mit ihrer Familie abgeholt worden. Es kann sein, dass sie nicht mehr lebt ... Wahrscheinlich lebt sie nicht mehr.«

Ilse hat mich geküsst.

Wir sitzen abends beim Essen. Es ist Montag und meine Mutter strahlt. Dabei gibt's bloß Mehlsuppe mit Suppengrün. »Heute ist ein wichtiger Tag«, sagt sie. »Von heute ab müssen wir nicht mehr verdunkeln.«

»Das glaube ich nicht.«

»Wirst schon sehen.«

Nach dem Essen schraubt Mutti die Rollos ab. Ich denke, wir werden bestraft werden. Aber andererseits ist seit zwei Wochen kein Krieg mehr.

Draußen wird es dunkel. Nicht mal unsere Gardinen sind zugezogen. Ich bin ein bisschen ängstlich. Da legt Vati den Arm um meine Schultern und schiebt mich zum Fenster. Wir lehnen uns auf das Fensterbrett, alle drei, und warten. Wie ein Blitz ist es, ein Schreck auch, als die Straßenlaternen sich das erste Mal seit fünfeinhalb Jahren wieder einschalten. Die Leute jubeln. Jetzt sehe ich erst, dass auch andere aus ihren hell erleuchteten Zimmern auf die Straße schauen. Man merkt doch, dass Frieden ist.

1946 Seitdem ich wieder zu Hause war, hatte ich das Gefühl, dass meine Eltern mir etwas Wichtiges sagen wollten. Aber ich fragte nicht, ich wollte nichts mehr hören.

Nach meinem 14. Geburtstag sagten sie mir dann, dass ich nicht ihr leibliches Kind sei. Sie versicherten mir, dass sie mich liebten und immer für mich da sein wollten.

Es dauerte eine Stunde, bis sie mich beruhigen konnten. Dann bat ich sie mir alles zu erzählen.

Als ich eineinhalb Jahre alt war, hatten sie mich aus dem Kinderheim in Kröllwitz bei Halle geholt. Als Pflegekind. Von meinen leiblichen Eltern fehlte jede Spur. Deshalb konnten meine Pflegeeltern mich nicht adoptieren, denn meine Eltern hätten damit einverstanden sein müssen. Sie sind Zigeuner, also bin ich auch einer. Mein Nachname ist eigentlich Müller und nicht Heinrichs.

Es ist, als hebe sich ein Vorhang, plötzlich

kann ich die Bühne sehen und da stehe ich in der Schule, die anderen Kinder schreien »Zigeunerschwein«.

Sie haben es also gewusst, nur ich nicht. Daher meine dunkle Haut. Das war also das Z auf der Lebensmittelkarte. Wer ein Z hatte, bekam weniger zu essen.

Richtig begreifen konnte ich es nicht in dem Moment, als sie mir endlich etwas erklärten. Es war alles zu viel auf einmal. Ich stellte keine Frage mehr.

Tagelang ging ich danach nicht raus. Jeder würde es mir ansehen, denken, da ist ja der Zigeuner, der Volksschädling. Warum sollte es jetzt anders sein? Warum sollten sie auf einmal freundlich zu mir sein? Bloß weil der Krieg aus war? Was war überhaupt ein Zigeuner?

»Was ist denn ein Zigeuner?«, fragte ich schließlich.

»Ein Mensch«, sagte meine Mutter. »Zigeuner sind ein Volk mit einer eigenen Sprache, das überall in Europa verstreut lebt.«

»Warum habt ihr mir nicht gesagt, dass ich ein Zigeuner bin?«

»Ach Bubi, stell dir mal vor, du hättest es jemandem erzählt. Dann hätten es bald alle gewusst und wären noch gemeiner und brutaler zu dir gewesen.«

»Aber warum denn? Ich habe doch keinem was getan.«

Meine Eltern erklärten mir, dass die Nazis die Menschen in Rassen eingeteilt hatten und sich selbst für die beste Rasse hielten. Das hatte ich alles schon in der Schule gehört, aber richtig begreifen konnte ich es nie. Bis jetzt nicht.

»Und manche denken immer noch, sie seien bessere Menschen«, sagte mein Vater. »Deswegen erzählst du lieber niemandem, dass du Zigeuner bist, Bubi.«

Es klang so wie früher und einen Moment lang fürchtete ich, alles würde so weitergehen wie zuvor.

Von meinen leiblichen Eltern wussten sie nichts. Immer wieder schärften sie mir ein keinem zu sagen, dass ich Zigeuner bin. Und besonders über die Zeit in der Gartenkolonie Sanssouci am Goldberg sollte ich nicht sprechen.

»Warum? Jetzt bin ich doch nicht mehr in Lebensgefahr, oder?«

»Es braucht ja nicht jeder zu wissen. Und vor allem nicht, *wie* wir dich versteckt haben. Wer weiß, was für Zeiten auf uns zukommen.«

Früher wurde ja noch nicht so viel fotografiert. Den Kindern heute würde es irgendwann auffallen, dass im Familienalbum keine Babyfotos von ihnen kleben. Und sie würden fragen. Irgendwann würden die Eltern ihnen vielleicht die Wahrheit sagen, ihnen erklären, dass sie adoptiert worden sind.

Ich bin als Einzelkind aufgewachsen. Dass meine Eltern anders aussahen als ich, war mir nicht aufgefallen, bis die Sache mit Bimbo, meinem Stoffelefanten, geschah, bei der Weihnachtsfeier für Pflegekinder vom Jugendamt. Da begann ich zu ahnen, dass ich anders sein musste als andere Kinder. Ich wusste nur nie, woran das lag.

Nachdem meine Eltern mit mir gesprochen hatten, fiel mir plötzlich etwas ein, das ich mit ungefähr fünf Jahren erlebt hatte: Wir fuhren mit der Eisenbahn nach Königsberg am Königssee. Das liegt heute in Polen. Auf dem See schwammen Schwäne, ich liebte ihre langen glatten Hälse. Jeden Tag gingen wir hin, ich brachte ihnen Brot und lief wie sie, den Kopf hochgereckt. Mein Hals sollte schlank und lang werden wie ein Schwanenhals.

Ich hatte einen aufblasbaren Frosch, damit konnte ich schwimmen. Allein noch nicht. Deswegen durfte ich auch nicht weit hinaus, nur bis dahin, wo ich noch stehen konnte. Meine Eltern konnten nicht schwimmen und hätten mich nicht retten können. Einmal lag ich auf dem Schwimmfrosch und paddelte, so schnell ich konnte, hinter den Schwänen her. Ich wollte sie berühren, mich zwischen ihre weißen Flügel setzen und über den See tragen lassen. Die Schwäne ließen mich näher kommen, bewegten nur einmal ihre Füße und waren weg, bevor ich sie erreichen konnte.

Meine Mutter rief mich zurück. Am Ufer wickelte sie mich in ein Handtuch und gab mir einen kandierten Apfel. Die Schwäne sahen sofort, dass ich etwas aß, schwammen heran, platschten aus dem Wasser und auf mich zu. Einen Schwan ließ ich an meinem Apfel knabbern. Dabei konnte ich seinen Hals streicheln, er war gar nicht so weich, wie ich dachte, fest und glatt fühlte er sich an und kein bisschen feucht. Der Schwan hatte Zähnchen am Schnabel, er riss mir flügelschlagend den Apfel weg.

»Guck mal, Vati«, sagte ein Mädchen, das in der Nähe von uns auf einem Handtuch saß. »Wenn der Junge neben einem Schwan steht, sieht er richtig schwarz aus.«

Der Vater murmelte: »Wahrscheinlich ein Zigeunerjunges.«

»Sieht aber hübsch aus«, sagte sie mit heller Stimme.

Die Hand des Vaters klatschte in ihr Gesicht.

Einmal fragte ich meine Mutter, warum die anderen Kinder mich als Judenschwein beschimpft hätten.

»Das Wort haben sie als besonders schlimmes Schimpfwort von den Erwachsenen gelernt«, sagte sie.

Irgendwann gab es mehr zu essen und wir hatten nicht mehr dauernd Hunger. Irgendwann beendete ich die Schule und begann meine Ausbildung zum Heilpädagogen. Irgendwann verließ ich Halle und ging nach Westberlin. Irgendwann dachte ich nicht mehr so oft an Ilse und schaute mich nach anderen Mädchen um, heiratete auch, aber eigene Kinder konnte ich nicht haben. Denn damals im Krankenhaus am Weidenplan war ich sterilisiert worden. Meine Eltern und ihre Freunde hatten versucht mit viel Geld die Ärzte zu bestechen, damit die Operation nur zum Schein ausgeführt würde, aber Doktor Rothmaler wollte unbedingt, dass ich als Zigeuner niemals eigene Kinder würde zeugen können.

Heute sage ich, ich bin Sinto, denn die Zigeuner, die schon seit Jahrhunderten in Deutschland leben, nennen sich selbst Sinti. Doktor Rothmaler war einer von denen, die wollten, dass keine Zigeunerkinder mehr geboren werden und so das Volk ausstirbt. Die Nazis wollten auch das jüdische Volk vernichten. Deshalb haben sie Ilse umgebracht.

Das Amt, zu dem meine Mutter mit mir gehen musste, war das *Rassenhygieneinstitut.* Dort wurden alle Zigeuner der Stadt abgemessen und registriert. Danach redete eine Frau vom Jugendamt auf meine Mutter ein und wollte, dass sie mich gegen ein blondes, blauäugiges Kind umtauscht. Meine Mutter war wütend und sagte, sie habe ihr Kind mit Liebe aufgezogen und es sei nicht umtauschbar wie ein Stuhl oder ein Tisch. Zur Strafe musste sie ohne Lohn Militärmäntel für die Wehrmacht nähen.

Beim *Rassenhygieneinstitut* war ich ein Name in einer langen Liste und eines Tages war ich dran. Die Gestapo holte mich aus der Schule und brachte mich in die Klinik. Nach der Sterilisation schrieb ein Beamter meinen Namen auf eine andere Liste. Eine Liste mit den Namen derjenigen, die ins Konzentrationslager Bergen-Belsen deportiert werden sollten. Die Liste wurde einem SS-Mann übergeben, der die Sonderzüge, in denen die Menschen transportiert wurden, bewachte und kommandierte. Der SS-Mann war unser Herr Bartelt mit der elektrischen Wäscherolle. Er ging sofort zu meinen Eltern und sagte: »Schafft schnell den Jungen weg, er steht auf der Liste!«

Meine Eltern gehörten zur Widerstandsgruppe *Edelweiß* in Halle. Auch Onkel Peter, Onkel Cord, Veronika, Gustav und fast alle Erwachsenen, die sich um mich kümmerten. Deshalb hatten meine Eltern so viele Freunde, die halfen mich aus dem Krankenhaus fortzubringen und zu verstecken. Und damit ich nicht aus Versehen einem anderen Kind etwas verraten konnte, was niemand wissen durfte, hatten meine Eltern viele meiner Fragen nicht beantwortet. Es wäre zu gefährlich für uns alle gewesen. Ich hätte nicht nur sie und mich selbst gefährdet, wenn ich beim Spielen etwas ausgeplaudert hätte, sondern eine ganze Gruppe von Menschen, die heimlich gegen die Nationalsozialisten kämpften.

Weil meine Eltern gegen die Regierung von Hitler waren, durfte ich auch nicht mit einer Hakenkreuzfahne auf die Straße. Ich hatte mir sehnlichst eine rote Fahne gewünscht. Da war ich vier und konnte noch nicht alle Wörter aussprechen, zum Beispiel *Jugend.* Ich kann mich genau daran erinnern: Von draußen hörte ich Musik und rannte zum Fenster. Ich sah große Kinder in Uniformen auf der Straße laufen, singend, eins trommelte, eins trug eine Hakenkreuzfahne.

»Was machen die Kinder da?«

Meine Mutter stellte sich zu mir und sagte: »Ach, das ist die Hitlerjugend, die marschiert.«

Eine Trommel hätte ich auch gern gehabt. Aber am liebsten hätte ich eine Fahne getragen und mitgesungen.

Noch oft sah ich Kinder durch unsere Straße marschieren. Und einmal lief ich zum Fenster und rief: »Mutti, guck mal, die Hitlerjuden sind wieder da.«

Mutti brach in Lachen aus.

Ich drehte mich nach ihr um. »Sie haben eine rote Fahne. Ich will auch eine rote Fahne haben. Aber ich will eine ganz rote mit nichts drauf.«

Mutti sagte: »So eine Fahne kriegst du nicht.«

Ich wartete, bis Vati von der Arbeit kam. Als

es klingelte, rannte ich zur Tür und machte auf. »Vati! Ich will eine rote Fahne.«

»Lass mich doch erst mal reinkommen«, sagte er.

»Ich hab die Hitlerjuden gesehen und sie hatten auch eine rote Fahne.«

Vati lachte.

»Aber meine Fahne soll rot sein, nur rot, ohne was drauf.«

Tagelang bettelte ich um eine rote Fahne. Ich träumte, wie sie im Wind flattern und leuchten würde, feuerrot sollte sie sein und aus glänzendem Stoff. Ich lag im Bett, die Tür zu meinem Zimmer stand offen. Ich hörte Vati und Mutti in der Stube über die Fahne beraten. Mutti sagte lachend: »Eine rote, das geht auf keinen Fall.«

Dann endlich brachte Vati mir eine kleine Fahne am Stöckchen mit. Ich wollte eine große und nur rote. Aber auf der war ein weißer Kreis und das Hakenkreuz. Erst schmiss ich die Fahne vor Enttäuschung hin. Aber dann hob ich sie auf und sagte: »Und jetzt gehe ich auf die Straße mit der Fahne und singe so wie die Hitlerjuden.«

Gleichzeitig sagten Vati und Mutti: »Nein!«

»Doch!«

»Das kommt gar nicht in Frage«, sagte Mutti. »Mit der Fahne gehst du nicht auf die Straße. Überhaupt nie.«

Bei der Stimme lohnte es sich nicht zu widersprechen. Also marschierte ich den Korridor auf und ab und hielt meine Fahne hoch. Meine Eltern haben nie eine Fahne aus dem Fenster gehängt.

Jetzt weiß ich auch, dass der Sportverein für den Aufbau vom Wackerplatz nie existiert hat. Eigentlich war mir nie aufgefallen, dass mein Vater nur mit den Sportsfreunden redete und nie Sport trieb. Meine Eltern hatten mir vom Sportverein und später vom Roten Kreuz erzählt, weil sie ja nichts von der Widerstandsgruppe sagen konnten. Ich hätte jedem Kind, jedem Erwachsenen auf der Straße erzählen können, mein Vater sei beim Sportverein. Niemandem wäre der Verdacht gekommen, meine Eltern seien gegen den Staat. So haben sie uns drei und ihre Freunde geschützt.

Es wäre auch lebensgefährlich gewesen, wenn jemand die Flugblätter in der Wohnung gefunden hätte – die Papiere, die ich beim Spielen in der Kammer entdeckt hatte.

Einmal hatte die Gestapo unsere Wohnung durchsucht, aber nichts Belastendes gefunden, denn alle gefährlichen Papiere waren in den Koffern, die Veronika und ich in Sicherheit gebracht hatten.

Als ich schon versteckt war, bekam Onkel Peter Wind davon, dass er verhaftet werden sollte. Er hatte Angst, mein Versteck und die Widerstandsgruppe zu verraten. Niemand konnte sicher sein, ob er den Verhören und der Folter standhalten würde. Hätte er Namen von Freunden genannt, hätte er sie in den Tod gerissen. Denn Widerstand gegen den Staat war Hochverrat und darauf stand die Todesstrafe. Onkel Peter hat sich aus Angst, schwach zu werden, das Leben genommen.

Aber auch ins Gefängnis zu kommen war lebensgefährlich. Im Zuchthaus *Roter Ochse* wurden viele Häftlinge zu Tode gequält. Oder sie verhungerten. Dann wurden sie mit einem Pferdewagen quer durch die Stadt zum Krematorium am Gertraudenfriedhof gekarrt. An so einen Wagen hatten Helmut und ich uns damals mit Rollschuhen gehängt.

Und Blitz? Er war gar nicht erschossen worden. Blitz war der Begleithund von Herrn Bartelt. Wenn er die Menschentransporte ins Konzentrationslager begleitete, war Blitz immer dabei. Herr Bartelt hatte Angst, es könnte herauskommen, dass er den Diensthund einem Zigeunerkind als Spielgefährten überließ.

Wie Herr Bartelt die Züge befehligen konnte, die Tausende von Menschen in den Tod fuhren, und gleichzeitig einem einzigen kleinen Jungen das Leben rettete, verstehe ich bis heute nur schwer. Ich weiß nicht, was aus ihm geworden ist, ich habe ihn nie wieder gesehen.

Manchmal wollte ich gar nichts mehr wissen.

Ich hatte Angst, Fragen zu stellen. Nicht mehr, weil ich keine Antworten bekommen könnte, sondern weil die Antworten so viel Schreckliches enthielten. Aber alles, was ich nach und nach erfuhr, waren kleine Mosaiksteinchen, die die dunklen Stellen in meiner Erinnerung etwas erhellten. Langsam entstand ein anderes Bild meiner Kindheit. Aber es gab für mich keinen Moment, da ich dachte, jetzt ist alles gut, alles vergessen, was war, jetzt fange ich von vorne an, ein neues Leben. Ich kann die Zeit nicht zurückdrehen, es gibt keine Stunde Null. Und das Leben geht weiter und alles, was ich erlebt habe, gehört dazu. Die Furcht, dass andere mir was Böses wollen, mich reinlegen oder schlagen, kann ich nicht einfach abstreifen wie ein Hemd. Sie ist immer da. Und manchmal auch das Gefühl der Beklemmung, wenn ich draußen bin oder in sehr großen Räumen. In kleinen Zimmern fühle ich mich sicherer.

Die Zeit, als ich noch Bubi war, liegt wie ein Schatten über meinem Leben. Jetzt bin ich schon alt und der Schatten ist lang und dünn geworden, er erreicht meine Gedanken aber immer noch und immer wieder. An manches erinnere ich mich, als sei es gerade erst geschehen.

Wenn ich daran denke, wie ich einmal meinen Lehrer gebissen habe, beiße ich noch heute mit so einer Wut die Zähne aufeinander, dass mein Kiefer knirscht. Ich sah den Lehrer nach dem

Krieg wieder, in einem Park auf einer Bank, ich war schon erwachsen. Ein Freund war bei mir. Die gleiche Wut stieg wieder in mir auf, als ich diese blauen Augen in dem fetten roten Gesicht des Lehrers sah. Mir wurde heiß, ich konnte meinen Blick nicht wenden, musste ihn anstarren. Er stand auf, zitterte. Ich stieß einen Schrei aus, hatte beide Fäuste geballt und wollte mich auf ihn stürzen, doch mein Freund hielt mich zurück. Er lockerte erst seinen Griff, als ich wieder ruhiger war. Wir ließen den zitternden Mann und die gaffenden Leute stehen und gingen weiter. Ich habe mittlerweile einen dicken Bauch und auf meinem Kopf sind kaum noch Haare, aber die wenigen sind noch nicht weiß. Früher hatte ich schöne schwarze Locken und hätte sie mir manchmal am liebsten ausgerissen, heute wäre ich stolz darauf.

Ich wollte mich immer um Kinder kümmern, deshalb bin ich Erzieher geworden und habe bis zur Rente in einem Heim für geistig behinderte Kinder gearbeitet. Und seitdem ich Rentner bin, gehe ich zu Kindern in Schulen oder Kindergärten und erzähle ihnen Geschichten und Erlebnisse aus meiner Kindheit. Denn die Kinder wollen wissen, in was für einer Zeit ihre Großeltern Kinder waren.

Vor wenigen Jahren, ich war schon fast sechzig, bin ich das erste Mal wieder nach Halle gereist, nach der Öffnung der Grenzen. Alles steht noch: das Haus in der Hardenbergstraße, die Lessingschule in der Lessingstraße, das Stadtbad in der Schimmelstraße, der Garten in der Kolonie Sanssouci am Goldberg. Das Lokal *Thomas* heißt heute *Dessauer Brücke.* Die Kinder haben immer noch ihre Schulgärten am Galgenberg. Das Dachzimmer in der Klinik am Weidenplan ist jetzt eine Abstellkammer.

Und ich war auch in Bitterfeld, meiner Geburtsstadt. Ich kam, als ich durch die Straßen ging, mit einer Nonne ins Gespräch, die ich nach dem Weg fragte. Sie lud mich zu einem Kaffee ein. Als sie hörte, dass Bitterfeld meine Geburtsstadt sei, griff sie ins Regal und zog ein dickes Buch mit der Aufschrift *1932* raus. Es war das Taufregister meines Geburtsjahres. Sie schlug es auf, blätterte.

»Sie sind Josef Muscha Müller?«

»Josef Müller, ja. Aber Muscha?«

»Hier steht es.«

Muscha. Das ist der Name, den meine leiblichen Eltern mir gegeben haben. Muscha zu sagen, das fühlt sich anders an als Josef. Muscha ist eine Spur zu meiner Herkunft, das erste Gefühl, das ich für meine Eltern habe. Muscha ist der Name für meine dunkle Haut.

Die Nonne gab mir die Namen meiner Eltern und meines Taufpaten mit. Als ich mich zitternd verabschiedete, sagte sie: »Und grüßen Sie Vincenz.«

Ich sagte »Ja« und ging. Erst auf der Straße merkte ich, dass ich gar keinen Vincenz kenne. Also kehrte ich zurück und fragte: »Wer ist Vincenz?«

»Das ist doch Ihr Zwillingsbruder. Vincenz Rose Müller.«

Ich kenne ihn nicht, kannte ihn nicht.

Ich hätte ihn gern kennen gelernt.

Ich würde ihn gern kennen lernen.

Wie ich Josef kennen lernte

Josef traf ich zum ersten Mal im Weddinger Erzählcafé in Berlin. Dort erzählen alle zwei Wochen ältere Leute von ihren Erfahrungen und Erlebnissen und jeder kann hingehen und zuhören. Ich war sehr aufgewühlt, als ich Josefs Geschichte hörte, und ich dachte, es würde auch viele Kinder interessieren, was Josef zu sagen hatte. Und weil ich damals bei dem Rundfunksender RIAS in der Kinderfunkredaktion arbeitete, fragte ich Josef, ob er mal einer Schulklasse von seiner Kindheit erzählen würde. Er war einverstanden und ich nahm mit einem Kassettenrecorder auf, was er den Kindern sagte. Mit der Aufnahme machte ich dann eine Sendung für Panther & Co, den Kinderfunk des RIAS, der heute ein Teil von DeutschlandRadio Berlin ist.

In der Zwischenzeit hatte ich mich mit Josef

angefreundet und besuchte ihn zu Hause. Das Erste, was mir auffiel, waren Elefanten. Überall, wo ich hinsah, entdeckte ich kleine Elefanten aus Stoff, Glas, Messing oder Porzellan. Zur Erinnerung an sein Spielzeugtier, das ihm irgendwann verloren gegangen war, hatte Josef angefangen Elefanten zu sammeln.

Josef bot mir Kaffee und Schokoladenkekse an, wir redeten und redeten. Später brachte er mich zur U-Bahn. Und unterwegs fragte er mich, ob ich nicht seine Geschichte aufschreiben möchte. Ich freute mich sehr, denn die ganze Zeit über hatte ich daran gedacht, mich aber nicht getraut ihn zu fragen. Ich fürchtete, es könnte ein bisschen so klingen wie: Darf ich dein Leben haben für mein nächstes Buch? Es hätte ja nicht genügt, dass er zustimmte; ich hätte noch viel mehr von seinem Leben erfahren müssen, als ich bis dahin wusste.

Jedenfalls sagte ich gleich Ja. »Aber es geht nur, wenn du damit einverstanden bist, dass ich auch was dazu erfinde und vielleicht manches ändere, was du wirklich erlebt hast«, sagte ich. »Wenn du damit einverstanden bist, dann würde ich die Geschichte gern aufschreiben.«

»Na klar«, sagte er. »Das kannst du machen, wie du willst. Ich kann mich ja nicht mehr an alles erinnern. Lass deine Fantasie spielen, du wirst es schon richtig machen.«

Es dauerte eine ganze Weile, bis die Ge-

schichte fertig war. Josef las sie und sie gefiel ihm. »Schreib noch rein, dass die Kinder mir schreiben können, was sie darüber denken«, sagte er. »Ich würde mich freuen.«

Und ich mich natürlich auch.

Anja Tuckermann